JEAN-PAUL CHAMPAGNE

GENDARMERIE

Enquête sur la « Grande Discrète »

ÉDITIONS DU
ROCHER
Jean-Paul Bertrand

ISBN 2 268 02941 7

À Jean-Louis Marzorati

1

Les mousquetaires aux champs

La Brigade territoriale de Meung-sur-Loire

Mais pourquoi faut-il donc que les édiles s'obstinent à donner les noms de nos plus illustres poètes du XXe siècle à des rues sinistres, généralement situées dans des quartiers modernes dits « à problèmes », autrement dit dans un entrelacs de HLM hostiles où les canettes vides volent bas pour vous accueillir ? Si qui que ce soit vous fixe un rendez-vous rue René-Char, dans la périphérie de n'importe quelle ville, aucune hésitation, défilez-vous. Meung-sur-Loire ne fait pas exception à la règle, hélas, et la rue Max-Jacob n'honore pas particulièrement la mémoire de celui qui vécut longtemps non loin d'ici, à Saint-Benoît-sur-Loire. Elle est triste et déserte, en ce début d'après-midi de septembre, et traverse l'un des deux quartiers de Meung – Les Potières et Les Papelets – où l'on compte la plus forte concentration d'immigrés de l'agglomération. Mais aussi l'un de ceux où les jeunes, désœuvrés, recourent, pour tromper leur ennui, à des dérivatifs d'une légalité parfois sujette à caution. Mais non, pas aujourd'hui, semble-t-il. Pas de délinquant à l'horizon, et les gendarmes Cyrille Charriot et Jean-Marc Montrignac décident de poursuivre cette patrouille à pied en faisant la tournée de quelques commerçants du centre ville.

Direction la rue Ingres [1] et la rue Jehan-de-Meung [2],

1. Le peintre Dominique Ingres séjourna souvent à Meung entre 1853 et 1866.
2. Jean Clopinel naquit à Meung en 1240 et y écrivit le *Roman de la rose* sous le nom de Jehan de Meung.

donc. Halte dans un bureau de tabac pour y signaler un vol de billets de la Française des Jeux susceptibles d'être écoulés, visites successives à la charcuterie, au magasin d'articles de sport, à la pâtisserie, à une boutique d'articles cadeaux, à l'office du tourisme et enfin à une petite entreprise d'informatique, installée ici depuis 1994. Les gendarmes y sont accueillis comme des amis, voire comme des membres de la famille ; la conversation roule sur les difficultés du commerce local : outre l'installation d'une grande surface aux portes de Meung, il faut aussi compter avec les infidélités de certains clients qui, allez savoir pourquoi, préfèrent acheter à Beaugency, à une dizaine de kilomètres de là, des produits identiques à ceux qu'ils ont ici sous la main. Que le commerce périclite à Meung, il n'est que de voir, dans les rues du centre, le nombre de magasins fermés, en attente d'hypothétiques repreneurs, pour s'en convaincre. Seuls les gérants de l'entreprise d'informatique sont on ne peut plus satisfaits d'avoir quitté Paris pour venir s'installer ici ; mais la spécialité qu'ils ont choisie – l'édition et la vente par correspondance de CD-Rom de formation à divers métiers artisanaux – les dispense de chalands. Et ainsi, de parlote en parlote, les gendarmes finissent-ils par avoir une idée assez précise du pouls actuel de la cité ; sans compter les fausses confidences des uns et des autres, qui, débarrassées de leurs éventuelles arrière-pensées médisantes, leur apportent quelques informations, parfois très précises, sur tel ou tel problème d'intérêt général. À ce jeu des questions anodines posées mine de rien dans le but d'accoucher son concitoyen sans qu'il s'en rende compte, le gendarme Charriot se montre le meilleur. Sa maïeutique naturelle est sans faille. Normal, c'est lui qui, dans la brigade depuis six ans, contre une seule année au gendarme Montrignac, a le plus d'expérience en ce domaine. Encore que ce ne soit pas toujours, en la matière, une question d'expérience, mais plutôt une question de don ; il y a ceux qui ont le savoir-faire et ceux qui ne l'auront jamais. C'est d'ailleurs le gendarme Charriot qui, en sortant de la pâtisserie, s'est précipité sur une jeune Beur de passage pour lui demander quelques tuyaux sur certains de ses remuants petits camarades.

Halte, sur le chemin du retour, place du Martroi, devant le château du XIIIe, imposant et austère, avec une pensée spéciale pour François Villon, qui y fut jeté dans un cul-de-basse-fosse en 1461 et où, dit-on, il rédigea la majeure partie de son *Grand Testament*. Ce pauvre Villon qui, lui, ici, n'a même pas une rue à son nom pour honorer son génie poétique. « Aiez pitié, aiez pitié de moy/À tout le moins, si vous plaist, mes amis ! » Eh bien non, pas de pitié ! Ce n'est pourtant pas le seul laissé-pour-compte : Alexandre Dumas, qui a situé à Meung la première aventure de d'Artagnan, dans *Les Trois Mousquetaires*, n'a pas, lui non plus, droit à la moindre plaque.

Coquets, les locaux de la gendarmerie, mais déjà trop exigus, comme le constate, sans amertume mais avec fatalisme, l'adjudant-chef Jean-Pierre Portal, chef de la brigade de Meung-sur-Loire. Vingt-cinq ans de gendarmerie, dont la plupart en brigade, lui ont appris à se satisfaire de ce que la hiérarchie voulait bien lui octroyer, tant en ce qui concerne les moyens matériels que les moyens humains. Ainsi estime-t-il « globalement suffisants » les effectifs de sa brigade, à savoir onze hommes dont trois gradés. Suffisants, peut-être, mais certainement pas pléthoriques eu égard à la charge de travail de ces gendarmes.

La brigade de Meung a en effet la surveillance d'un canton de vingt-six mille hectares, soit, dans son cas, dix communes dont trois plus urbanisées que les autres – Meung-sur-Loire, Chaingy et Saint-Ay – qui totalisent à elles seules 12 000 des 18 500 habitants du canton. Étant donné qu'il n'existe plus de zones non construites entre l'agglomération orléanaise et Meung, on peut parler à son sujet de brigade « périurbaine ». En 1975, la brigade ne comptait encore que six hommes, puis, au fur et à mesure du développement de la région, neuf en 1984, et onze en 1996.

– Pour le moment, ça va à peu près, confie l'adjudant-chef Portal, mais il ne faudrait pas que viennent se construire de nouvelles zones pavillonnaires. Or, le maire est sans arrêt sollicité par des promoteurs à ce sujet. Ceux-là, ils sont toujours à la recherche de nouveaux terrains. Il vaut cher, le terrain, par ici, comme d'ailleurs dans tous les environs d'Orléans, jusqu'à trente kilomètres. Et la commune de Meung, par sa topographie, se prête aux lotissements ; tout y est réuni pour en faire une ville dans une sorte de rail : la route nationale, le chemin de fer ou l'autoroute, vous n'avez que l'embarras du choix, tout est là. Alors le maire freine des quatre fers. Mais jusqu'à quand pourra-t-il tenir, ça c'est autre chose… Bien sûr, nous l'y encourageons, parce que l'essentiel de nos problèmes tient à la délinquance relative à l'habitat. Et rien que sur Meung, par exemple, nous avons déjà cent soixante-dix résidences secondaires à surveiller. Ça entraîne pas mal de convoitises…

« Ici, comme dans l'ensemble du Val-de-Loire, l'autre gros problème c'est la concentration des MENS, les "minorités ethniques non sédentarisées", autrement dit les manouches. Ces dernières années, on a été gâtés… Il y en a deux sortes : les manouches "de jour", qui arrivent ici fin août, début septembre pour chasser. Ceux-là ne nous créent pas d'ennuis ; ils se pointent avec des chiens de race, des fusils de luxe et ils s'arrangent pour sous-louer quelques jours une concession, parfois à plus de 5 000 francs la journée, toujours payés cash et en liquide… Quand même, c'est vrai, on peut difficilement s'empêcher de se demander d'où ils sortent cet argent et comment, en plus, ils peuvent s'offrir de tels "attelages" : des caravanes somptueuses, tractées par des grosses Mercedes dernier modèle… Mais enfin, bon, ceux-là ils ne viennent pas ici pour s'amuser à cambrioler. Tandis qu'avec les autres, les manouches "de nuit", là ce n'est pas la même chanson… Ceux-là, ils nous font cavaler. Et souvent !

« Quant à la journée type d'un gendarme, c'est bien simple, elle peut commencer à 7 heures du matin, pour un planton, et se terminer le lendemain matin à 7 heures. Mais c'est quand même rare, surtout depuis la mise en service du COG, le Centre opérationnel de gendarmerie – pour nous c'est celui d'Orléans – chargé de prendre tous les appels de nuit et de les traiter. Évidemment, quand ils ne peuvent pas faire autrement, ils n'hésitent pas à réveiller le planton pour lui dire de quoi il retourne et si la brigade doit se déplacer sur tel ou tel lieu pour une affaire grave, une tentative de cambriolage signalée par un voisin, par exemple. Si bien que maintenant, un planton n'est en moyenne dérangé qu'une fois par nuit. Alors qu'avant, quand le COG n'existait pas, ça n'arrêtait pas : entre ceux qui venaient sonner parce qu'ils étaient en panne d'essence, ceux qui arrivaient pour qu'on chauffe le biberon du bébé, les bidasses qu'il fallait coucher parce qu'ils avaient raté le dernier train et se retrouvaient à la rue, les disputes qui tournaient mal, etc., on n'en sortait pas... La gendarmerie, c'était l'ultime recours de ceux qui ne savaient pas à qui s'adresser. Maintenant, ce sont les hommes du COG qui traitent tous ces petits problèmes-là. Et ils s'en sortent sacrément bien ; faut dire aussi qu'ils sont spécialement formés pour ce boulot. N'empêche que le planton est parfois dérangé plusieurs fois au cours de la nuit, et ces heures-là ne sont pas décomptées ; il peut donc très bien être désigné pour une patrouille de nuit le soir suivant.

« Sinon, en moyenne, un gendarme de la brigade fait 120 heures mensuelles de service externe, c'est-à-dire en patrouilles diverses, dont 20 à 25 heures en patrouilles de nuit. Il faut ajouter à cela le temps passé à la rédaction des procédures. Et pour les constats d'accidents, avec tous les croquis et photos, c'est particulièrement long et délicat. Au bout du compte, un gendarme fait donc, grosso modo, une moyenne de 10 heures par jour. Sans compter les permanences et astreintes diverses, bien sûr. »

À peine le Trafic Renault de la patrouille de jour vient-il de partir que, de la brigade, Cyrille Charriot, aujourd'hui planton de service, demande par radio à ses collègues, les gendarmes Gilles Sainjon et Jean-Marc Montrignac, de se dérouter pour se rendre immédiatement à l'école primaire ; le directeur de l'école vient en effet d'appeler la brigade pour signaler que l'un de ses élèves, âgé de 7 ans, porte des traces suspectes d'hématomes et de bleus. C'est suffisamment sérieux pour que Gilles Sainjon accélère et dévale le chemin Vert-du-Blénois jusqu'à l'embranchement avec la rue Saint-Jean, où se trouve l'école.

Dans son bureau, le chef de l'établissement et l'instituteur brossent un rapide portrait psychologique du garçonnet : timide, peu attentif, replié sur lui-même et silencieux, pour ne pas dire muet ; bref, l'enfant se trouve dans un état voisin de celui de l'autisme ; sa sœur, élève d'une autre classe, présente des troubles du comportement identiques. Quand le gamin pénètre dans la pièce, point n'est besoin d'être grand clerc pour remarquer aussitôt qu'il s'agit d'un enfant qui souffre, et depuis longtemps déjà ; c'est inscrit sur son visage, non pas fermé, mais dont le regard, tourné vers l'intérieur, semble désormais incapable d'exprimer la moindre joie de vivre. Gilles Sainjon le fait venir près de lui et lui examine les jambes, effectivement marquées par divers hématomes ; puis, en le prenant par les épaules, il commence à lui poser des questions. Surprise : sans être prolixe, le garçon répond ; il parle comme s'il rapportait à son interlocuteur des faits normaux, sinon qui vont de soi, ce qui ne fait qu'en accentuer la gravité. Il ressort de ses dires que son père, en l'absence de sa mère, le battrait fréquemment, sous divers prétextes, tous plus fallacieux les uns que les autres.

Une fois que le jeune Loïc a regagné sa classe, les gendarmes se concertent avec le directeur et l'instituteur ; tous savent de quoi il retourne en ce qui concerne ses parents : des concubins qui ne cessent de se séparer, généralement à l'issue de quelque scène de ménage ponctuée de coups, pour mieux se rabibocher quelques jours plus tard et reprendre leur houleuse vie commune. Les gendarmes décident d'en référer au commandement de la compagnie, à

Orléans, qui prône de s'en remettre aux avis conjugués d'un médecin et d'une assistante sociale, et d'ouvrir une enquête.

Le soir même, Gilles Sainjon saura que, en réalité, l'auteur des coups n'est pas le père du gamin, mais un nouveau concubin de la mère, déjà connu des gendarmes pour ses tendances à se laisser aller à la violence. Fait surprenant : lorsque le gendarme Sainjon lui parlait des brutalités éventuelles de « son père », lors de l'entretien dans le bureau du directeur de l'école, à aucun moment le jeune Loïc n'a rectifié pour préciser qu'il s'agissait du nouveau concubin de sa mère. Ce qui est, selon lui, révélateur de la confusion du gamin relative à la hiérarchie des autorités chargées, ou non, de son éducation. Le mutisme dont il a fait preuve à ce sujet, les gendarmes y sont accoutumés ; il en va quasiment toujours ainsi avec les enfants issus de ce genre de milieu.

Convoqué, un médecin n'aura rien de bien méchant à relever sur les jambes du garçonnet. En précisant haut et fort, toutefois, qu'il souhaite que ce genre de brutalités cesse aussi vite que possible. Quant à l'assistante sociale, les gendarmes décident de s'en passer, pour une raison très simple : elle aurait peut-être conseillé de patienter avant d'en savoir un peu plus. Gilles Sainjon a donc préféré agir de son côté sans perdre de temps, en engageant une procédure et en se déplaçant pour aller voir ce fameux nouveau concubin de la mère, qu'il a mis en garde contre toute nouvelle violence sur la personne de l'enfant. En clair, mieux vaut pour lui se contenter de boxer les murs s'il ne veut pas se retrouver sur les bancs de la correctionnelle.

Désolés, les gendarmes constatent une montée en flèche de ces affaires de mésentente entre époux et concubins ; ils regrettent que, dans ces querelles, le sort des enfants ne soit jamais pris en compte par les parents. Fréquemment priés, avec des pics le samedi soir, de venir au plus vite calmer des protagonistes en train de s'étriper furieusement au milieu de la vaisselle cassée, ils sont alors invités, par l'une ou l'autre des parties, à bien vouloir « constater » les dégâts. Mais, quand ils conseillent aux belligérants de s'adresser pour cela à un huissier de justice, il leur est alors rétorqué que « l'huissier, lui, il faut le payer ».

Cette réalité-là, les gendarmes la déplorent, en notant qu'elle se détériore chaque jour davantage avec la dégradation continue des liens familiaux et du tissu social. Navrés, ils ne font que constater les dégâts, en effet. Sans jamais juger ; ce n'est pas leur rôle et rien ne saurait les transformer en moralisateurs. Un principe noble mais à double tranchant : nos concitoyens, surtout dans les zones rurales, ont vite décelé la faille et, du coup, ont pris l'habitude de faire appel à eux chaque fois qu'ils ont besoin, pour leurs joutes domestiques, d'un arbitre impartial. Ce recours aux gendarmes, de plus en plus systématique, vaut aussi pour toutes sortes de situations ou de différends. Le voici consacré malgré lui « assistant social ». Un travail bénévole de plus, que les écoles de sous-officiers, aussi complets que soient leurs cours de formation, ont omis d'inscrire à leurs programmes. Et pourtant, le gendarme fait face et s'adapte. S'il en était incapable, d'ailleurs, aurait-il seulement choisi cette voie ? Il tente donc de rabibocher les enfants avec leurs parents, les parents entre eux, d'apaiser les animosités entre voisins, il ramène en douceur l'ivrogne brailleur au bercail, conseille et prévient sans cesse ; greffier de la misère humaine, il agit en pompier d'une société déboussolée. Il faut, à cet exercice, un équilibre à toute épreuve.

Le Trafic roule au pas sur le quai du Mail, aborde le quai Jeanne-d'Arc et se dirige vers le terrain de camping, où les phares font ressortir la blancheur de quelques rares caravanes. Bien que le mardi soir ne soit guère réputé comme annonciateur d'une nuit de crimes épouvantables, sait-on jamais. Le gendarme Charriot est au volant, l'adjudant-chef Portal occupe le siège du passager. Avant de partir, il s'est muni, conformément aux ordres, d'un fusil à pompe qui repose à l'arrière, et d'un carton de ballons pour les contrôles d'alcoolémie.

– Ils sont à peu près tous partis, constate l'adjudant-chef avec soulagement.

« Ils », ce sont les manouches qui, jusqu'à hier encore, occupaient la majeure partie du terrain de camping. Et d'après leurs caravanes, plutôt décrépites, tractées par des limousines poussives, ceux-là n'appartenaient pas à la catégorie des Crésus venus s'adonner ici à leur passion cynégétique. Ils ne sont pas là non plus pour enfreindre la loi avec plus ou moins de bonheur, puisqu'aucun vol ni cambriolage n'a été signalé ces dernières quarante-huit heures. Poursuivant son chemin, le Trafic vire à droite au bout du quai, à la hauteur des Écuries Louis XI, et stoppe sur les bords de Loire. Pris dans le faisceau des phares, des dizaines de lièvres, d'abord surpris, détalent dans les fourrés, derrières en l'air.

– Il est trop tôt, estime Cyrille Charriot. Nous ferions peut-être mieux d'aller voir un peu ce qui se passe sur la 152.

L'adjudant-chef approuve son subordonné d'un hochement de tête. Ces deux-là se connaissent si bien que le poids hiérarchique se fait à peine sentir dans leurs rapports. Ils s'apprécient mutuellement, sans éprouver le besoin de le manifester par des paroles superflues. Cap sur la nationale 152, donc, axe majeur entre Orléans et Blois, toujours très fréquenté. Surprise : deux auto-stoppeurs font signe au Trafic à la sortie de Meung. L'adjudant-chef fait glisser sa portière à la hauteur de deux Beurs d'une quinzaine d'années. Le plus effronté y va de sa requête :

– Vous pouvez pas nous prendre, chef ? Y a une copine qui nous attend dans sa chambre, à Saint-Ay…

– Impossible, leur répond l'adjudant-chef, rigolard. Mais vous, vous pouvez me montrer vos papiers.

Les adolescents s'exécutent en protestant de l'honnêteté de leurs desseins. Par l'ordinateur de bord, relié au terminal central de la gendarmerie, Jean-Pierre Portal apprend que ces deux lascars ne se sont en effet rendus coupables d'aucun méfait digne d'être inscrit à leur casier judiciaire.

– Bon, allez, chef, maintenant que vous avez vérifié, amenez-nous. On est dans la galère, sinon… La fille, elle va pas nous attendre toute la nuit !

– Impossible, je vous ai dit. Et même si je le voulais, je ne pourrais pas vous prendre. Ça nous est interdit. Mais bonne chance quand même. Et saluez votre copine de ma part.

Quelques kilomètres plus loin, avant d'arriver à Saint-Ay, le Trafic se range sur le bas-côté. L'adjudant-chef passe un gilet réfléchissant et prend le fusil à pompe ; même un simple contrôle d'alcoolémie ne dispense pas d'être prudent. Trop de gendarmes se sont fait tuer par surprise ces derniers temps, faute d'avoir respecté les consignes les plus élémentaires.

Bâton lumineux dressé devant lui, fusil à moitié dissimulé dans le dos, l'adjudant-chef arrête un premier automobiliste. Ses papiers vérifiés, il lui reste à souffler dans l'éthylotest. Rien. Une demi-heure plus tard, la pêche est maigre : seul l'un d'entre eux, qui a oublié sa carte grise, se voit demander par le gendarme Charriot de venir la présenter à Meung le plus tôt possible. Sympa, le gendarme : un défaut de carte grise, c'est 900 francs au menu. L'explication de cette mansuétude tient au fait que les hommes d'une brigade connaissent la plupart des automobilistes qu'ils arrêtent, de jour ou de nuit, et qu'un excès de sévérité serait nuisible aux bonnes relations, essentielles, qu'ils entretiennent avec l'ensemble de la population. Un bon point pour eux. On les sent d'ailleurs comme des poissons dans l'eau dans leur petit monde, les gendarmes, et c'est merveille de les entendre échanger, chaque fois qu'ils croisent un tiers à pied ou en voiture, des phrases du genre : « Tiens, c'est untel. À cette heure-ci, il va certainement rejoindre machin à tel endroit », ou encore : « Tu as vu, c'est untel qui conduisait la voiture de sa femme. Pourtant, je croyais qu'ils étaient séparés. Tant mieux s'ils se sont raccommodés ». Pas un citoyen à l'horizon qui leur soit inconnu. À croire qu'ils connaissent personnellement chacun des 18 500 habitants du canton, et surtout quelles sont les relations des uns avec les autres. Supposer une indiscrétion viscérale de leur part dans ce domaine serait une erreur. Cela fait partie de la mission générale de la gendarmerie, dont l'une des composantes historiques essentielles est d'établir une cartographie des coutumes et des mœurs des Français, comme de leur humeur, et qui plus est une cartographie à jour. De surcroît encore plus discret qu'un curé tenu au secret de la confession, jamais quiconque n'entendra ce gendarme laisser échapper une information susceptible de nuire à un tiers.

Le Trafic tourne maintenant dans un vaste « village résidentiel » dont les promoteurs ont cru bon de disposer les maisons en escargot et de donner uniquement des noms de fleurs à ses rues. Le résultat est, bien entendu, que ce véritable labyrinthe demande un apprentissage ardu pour s'y repérer, si l'on tient à ne plus confondre la rue des Roses avec la rue des Tulipes et celle des Mimosas avec celle du Muguet. Encore heureux qu'ils aient tout de même épargné à leurs « villageois » une avenue des Chrysanthèmes. Les gendarmes eux-mêmes avouent qu'il leur a fallu plusieurs mois avant de naviguer dans ce lieu sans s'y perdre. Il s'agit cependant d'un lotissement qui comporte nombre de résidences secondaires, dont plusieurs ont déjà fait l'objet de cambriolages. Y patrouiller est donc pour eux une obligation. Mais, ici encore, pas le moindre malfaiteur en vue.

Escale, sur le chemin du retour, à la Soparco, une fabrique de pots de fleurs (on n'en sort pas) en plastique, située dans l'immense zone industrielle qui s'étend maintenant de façon quasi ininterrompue de Chaingy jusqu'à Orléans. Une usine qui tourne vingt-quatre heures sur vingt-quatre. D'impressionnantes machines-outils font à elles seules tout le travail et parviennent à produire quotidiennement plus de 400 000 pots de tailles diverses. La poignée d'ouvriers présents n'est là que pour veiller au bon fonctionnement de ce matériel. En buvant un café, ils s'avouent plutôt heureux de leur sort. Le patron ne vient-il pas, au demeurant, d'en engager deux de plus pour les seuls samedis et dimanches ? S'ils effectuent vingt-quatre heures de travail entre ces deux journées-là, ils n'en sont pas moins payés sur quarante. Une formule qui leur laisse pas mal de temps pour se reposer derrière leurs cannes à pêche le restant de la semaine. À l'extérieur, un semi-remorque italien attend, moteur au ralenti, de pouvoir charger quelques tonnes de pots de fleurs avant de reprendre la direction de Milan. Autant d'informations qui peuvent *a priori* paraître anecdotiques, voire sans intérêt, mais qui, glanées en divers endroits et mises bout à bout, finissent par donner une image assez fidèle de la situation économique du canton. Et ce genre de rapport relève aussi de la mission du chef de brigade.

Nouvelle surprise en parvenant à un carrefour de Saint-Ay : plantés bien en vue sur le bas-côté, les deux jeunes Beurs lèvent le pouce. Leur amie, ils l'ont ratée, ou elle ne les a pas attendus, ou alors elle n'existe pas. Toujours est-il qu'ils aimeraient bien être ramenés à Meung par le Trafic ; à cette heure-ci, il est vrai que leurs chances de tomber sur un automobiliste compatissant sont des plus réduites. Jean-Pierre Portal leur oppose de nouveau le règlement, qui interdit aux gendarmes ce genre de complaisance. Mieux vaut, leur conseille-t-il, prendre leur courage à deux pieds. Une perspective qui fait revenir à plusieurs reprises le terme de « galère » dans la bouche des deux zèbres, qui s'éloignent en maugréant. Mais à pied.

Dernier passage dans les rues désertes de Meung ; l'adjudant-chef relève le numéro minéralogique d'une camionnette stationnée sur le trottoir, devant un bureau de tabac. Comme elle n'est pas immatriculée dans le département et qu'il y a eu pas mal de « casses » de ce type de commerce, ces derniers temps, mieux vaut prendre ses précautions.

Devant la gendarmerie, Cyrille Charriot note le kilométrage parcouru ce soir : 74 kilomètres. Pour rien ? Non, puisque tout va bien. Et qu'on se le dise : ce n'est pas parce que Simenon, dans ses romans, y fait régulièrement séjourner Maigret que Meung-sur-Loire devrait devenir la capitale du crime.

La nuit suivante, elle, sera autrement plus agitée. En patrouille nocturne, le gendarme Gilles Sainjon et le maréchal des logis-chef Joël Girard repèrent, vers 21 h 30, un scooter en train de zigzaguer sur la chaussée. Plus grave, l'engin se met soudain à foncer sur les véhicules venant en sens inverse, pour ne s'écarter qu'au dernier moment. Visiblement un individu ivre qui joue un remake à sa manière d'*Un singe en hiver*. Rattrapé par le Trafic, monsieur Trompe-la-mort, un balèze d'une trentaine d'années inconnu au bataillon, est serré contre le trottoir ; inutile de perdre du temps à lui demander ses papiers ; il est embarqué illico, son deux-roues logé à l'arrière de la fourgonnette. Heureusement que la gendarmerie n'est pas loin. Sur place, Sainjon et Girard se hâtent de faire entrer l'intempérant quidam, pour l'instant sans réaction, dans la chambre de dégrisement, de loin l'endroit le plus approprié pour la sauvegarde de ses contemporains. Mais si le maréchal des logis-chef et le gendarme s'attendaient à le voir s'effondrer sur-le-champ et plonger dans un sommeil comateux, comme le ferait tout bon pochard doté d'un poil de civisme, ils en sont pour leurs frais. À peine ont-ils bouclé la porte que leur parvient, de l'intérieur de la cellule, le bruit d'une série de chocs sourds. Un regard par le judas leur apprend de quoi il retourne : l'olibrius est en train de se précipiter de toutes ses forces, la tête la première, contre les murs. De deux choses l'une : soit il est en plein delirium tremens, soit c'est un forcené. Peu importe, d'ailleurs ; ce qui est certain, c'est qu'il va fatalement se blesser. Aussitôt appelé, un médecin assure arriver aussi vite que possible. Moins d'un quart d'heure plus tard, en effet, une frêle jeune femme se présente, jette un coup d'œil sur le mastard, qui n'a pas encore réussi à s'assommer, et murmure, en tapotant sa sacoche : « Rassurez-vous, j'ai de quoi vous le calmer, là-dedans. À vous de me le tenir. » Ça, c'est certain. Intrépides sans être farauds, Sainjon et Girard ouvrent la porte et tentent de se jeter ensemble sur le furieux pour le ceinturer. Mais deux hommes sont-ils jamais parvenus à stopper de leur corps un bulldozer lancé à pleine vitesse ? En moins de temps qu'il n'en faut pour le dire, le bulldozer en question se retrouve dans les couloirs de la brigade. Pas longtemps : dans un mouvement parfaitement coordonné, le gendarme et le maréchal des logis-chef se précipitent sur lui sans attendre et réussissent à le maîtriser, pendant que le toubib, d'un geste expert, lui remonte la manche de sa chemise et le pique. Profitant de sa surprise, les gendarmes parviennent même à lui faire réintégrer sa cellule sans trop de difficultés. Et tout le monde, alors, de battre en retraite sans demander son reste. « Je lui ai injecté de quoi le faire dormir une bonne douzaine d'heures », assure le médecin en appuyant son assertion d'un clin d'œil. « Dans cinq minutes, vous allez le voir s'affaler. Je vais attendre avec vous. »

Pour attendre, elle attendra. À l'intérieur de la chambre de dégrisement, le rodéo a repris de plus belle. Les regards de Gilles et Joël se croisent, avant de se porter sur celui du médecin, qui toussote. Le temps passe. Il faut bientôt se rendre à l'évidence : il n'y a plus qu'à recommencer. Pour cette deuxième injection, le médecin augmente la dose. « J'ai mis de quoi assommer un bœuf », dit-elle à la ronde, comme pour s'excuser d'avance d'un nouvel échec. Et c'est bien de cela qu'il s'agit. Dans sa cellule, le dément fait un raffut de tous les diables, s'envoyant dinguer contre les murs avec un enthousiasme intact. La jeune femme ira ainsi jusqu'à quatre échecs consécutifs, avant de renoncer. Décontenancés, le gendarme et son maréchal des logis-chef décident alors de faire appel aux services d'un ambulancier privé pour transporter le forcené à l'hôpital psychiatrique. Mis en présence de son « patient », toujours aussi vindicatif, celui-ci préfère s'enfuir sans demander ni son reste, ni son dû. Mais il a eu le temps d'indiquer aux gendarmes l'unique façon de procéder lorsqu'il s'agit de faire admettre à l'hôpital psychiatrique un particulier de cet acabit. La gendarmerie doit en effet successivement : 1) prendre contact avec l'hôpital psychiatrique ; 2) si l'hôpital accepte de prendre en charge le malade, solliciter un arrêté municipal auprès du maire ou de son premier adjoint entérinant l'autorisation d'internement ; 3) rappeler l'hôpital et l'informer qu'un arrêté municipal a bien été pris pour interner le malade ; 4) demander à l'hôpital de bien vouloir envoyer d'urgence une équipe spécialisée pour convoyer le patient jusqu'à l'établissement. Ces conseils sont suivis à la lettre, et il est déjà plus de deux heures du matin lorsque le maréchal des logis-chef va réveiller le premier adjoint du maire pour lui faire signer le précieux arrêté municipal, et près de trois heures quand, enfin, deux costauds de l'hôpital ressortent de la gendarmerie en compagnie de leur colis, emmailloté dans une camisole de force. Fin de la séance. Ouf !

La brigade ne s'est pas encore remise de ses émotions nocturnes. Des nuits comme ça, elle s'en passerait volontiers. Et elle estime qu'elle a le dos large. Qu'aucun organisme – ni les pompiers, ni le Samu, ni même un hôpital si toutes les démarches préalables n'ont pas été accomplies – ne veuille d'un aliéné, passe encore. Mais qu'on lui laisse le bébé sur les bras, là c'est un peu fort. Il faut payer pour apprendre, soit, mais à ce prix, cela fait cher de l'heure.

Passer de temps à autre chez quelques paysans du canton est aussi l'une des tâches de la brigade. Et si ces visites ne sont plus, comme naguère, sources inépuisables de tuyaux divers, elles demeurent toujours riches en enseignements de toute nature. Car le paysan beauceron, sans être plus intelligent, ni plus roué que ceux des autres provinces, est un personnage particulièrement avisé. Modelé par la grande tradition céréalière, c'est un commerçant qui a ajusté sa production aux besoins du marché ; l'obsession majeure de toute sa vie est d'agrandir son exploitation. Tous ses actes, y compris et surtout celui du mariage, seront exclusivement décidés en fonction de cet objectif : gagner des hectares. Le résultat fait que la Beauce, encore très peuplée au début du siècle par une multitude de paysans pauvres, est aujourd'hui le fief quasi exclusif de grands propriétaires terriens, dont la superficie de chacune des exploitations se compte en centaines d'hectares. C'est l'histoire de l'attachant

Grenadou, né en 1897, charretier chez son père à ses débuts, et qui, au milieu des années soixante, se trouvait à la tête de 170 hectares [1]. Tous les céréaliers beaucerons n'ont cependant pas connu la réussite, et certains d'entre eux doivent se débrouiller avec quelques dizaines d'hectares seulement. Mais qu'il soit riche ou pauvre, le paysan beauceron aime bien accueillir chez lui ses gendarmes. Le maréchal des logis-chef Didier Chevreau et le gendarme Gilles Sainjon se réjouissent d'avance de cette tournée.

La première étape, à une quinzaine de kilomètres au nord de Meung, sera pour le vieux Marc, un original de près de 80 ans. Le ton est donné dès l'arrivée dans la cour de sa ferme. À moins de trois mètres du perron, un choc attend le visiteur : un break Ami 6 hors d'âge, abandonné là il y a des années et transformé depuis en poulailler de circonstance. Recouvert d'une couche de fiente qui en dissimule la couleur d'origine, l'épave est envahie de poules caquetantes, perchées sur les dossiers de ce qu'il reste des sièges ou juchées sur le capot, le toit et les rebords de portières depuis longtemps sans vitres. Elles sont ainsi une bonne trentaine à vitupérer les intrus. Attaché à une chaîne de plusieurs mètres, un chien, dont nul ne se hasarderait à dire quelle race prédomine chez lui, vient batifoler dans les jambes des gendarmes. Alerté par ce remue-ménage, Marc sort sur le perron et fait entrer ses visiteurs.

Installé à la grande table de cuisine, devant une menthe à l'eau et *La République du Centre*, il peut commencer son numéro.

– Le monde est fou, moi je vous le dis. Tout le monde est jaloux de tout le monde, aujourd'hui…

Qui donc peut bien être concerné par ces propos ? Pas le temps de le lui demander. Déjà, il enchaîne, en poussant rageusement le journal sous les yeux du gendarme Sainjon et en tapant d'un index noueux sur une photo de Dominique Voynet :

---

1. Éphraïm Grenadou – Alain Prévost : *Grenadou, paysan français*, Seuil, collection Points Histoire.

– Là, qu'est-ce que tu remarques, hein ?

– Eh bien, heu..., qu'elle a les cheveux teints.

– Voilà, elle a les cheveux teints. Alors, explique-moi comment on peut avoir les cheveux teints et être écologiste, hein !

Mais il n'attend aucune explication. Ce qu'il veut, c'est vider son sac. Sa femme, infirme, est alitée depuis des années ; sa fille, elle, a trop à faire pour s'occuper d'autre chose que des cent hectares de l'exploitation ; pour compenser sa solitude, il n'a donc plus que les gendarmes. Le voici qui continue d'ailleurs de plus belle :

– Riez si vous voulez, mais croyez-moi, je ne suis pas un « plaisant con ». Non, moi, ce que j'aime, c'est d'abord contredire quelqu'un. Mais il faut des arguments et beaucoup de logique pour convaincre l'autre et lui démontrer qu'il a tort. Avec la langue française, pourtant, on y arrive toujours...

La conversation, ou plutôt le soliloque, part dans tous les sens, sans aucune logique apparente. Ce vieil anarcho-réactionnaire en a lourd sur la patate et, par les temps qui courent, ce ne sont pas les sujets d'indignation qui lui manquent. Avec sa voix cassée, son œil gauche à moitié fermé et toute sa malice concentrée dans le droit, il ne se mouche pas pour dire ce qu'il pense. La prochaine ouverture de la chasse lui fournit un nouveau motif de courroux.

– Les chasseurs, les vrais, ce sont eux les écologistes. Ils déconnent pas, eux. Sinon, ce serait comme d'avoir une belle voiture et de la saloper volontairement !

Inutile de tendre le doigt vers l'Ami 6 et de lui demander ce qu'il entend par « saloper volontairement ». De toute manière, il aura toujours raison.

– Bien sûr, poursuit-il, à la chasse, il y aura toujours des « viandards ». Mais ceux-là, on les connaît et on n'en veut pas !

Voilà, c'en est fini de ses griefs contre la société. Avec nostalgie, le vieux Marc évoque maintenant la vie des paysans d'il y a trente ou quarante ans, quand la ferme faisait vivre encore cinq familles entières. Il parle aussi de sa région :

– Moi, je suis du Val-de-Loire. Tu passes la Loire, c'est comme si tu passais une frontière, décrète-t-il. D'une rive à l'autre, ce ne sont plus les mêmes gens…

On sent bien, à son ton, qu'au-delà de cette rive-ci de la Loire, on entre alors en *terra incognita* ou, à tout le moins, dans une contrée uniquement peuplée de barbares sanguinaires.

Dernier regard, avant de le quitter, sur son Ami 6-poulailler. Ce monument iconoclaste et grandiose, c'est sa tour Eiffel à lui, le vieux Marc. Une tour Eiffel qu'il n'y a guère à forcer son imagination pour la voir briller la nuit, sur toute sa hauteur, d'un gigantesque « Merde aux cons » écrit avec des ampoules clignotantes. Histoire de défier l'humanité entière, certes, mais d'abord les hommes d'au-delà du fleuve.

Changement à vue à la « ferme Allard », où le maître de maison introduit ses visiteurs dans une immense salle de séjour, meublée avec un goût dont la sobriété est la marque première. C'est ici le cœur d'un domaine qui frise aujourd'hui les mille hectares. Celui qui en tient les rênes est un homme affable qui, en quelques minutes, fait à ses interlocuteurs un magistral exposé sur la gendarmerie. Il connaît visiblement bien son sujet et en parle avec encore plus de chaleur lorsqu'il raconte son récent voyage en Guyane, où seule l'obligeance des gendarmes locaux lui a permis d'atteindre l'agglomération de Maripasoula, à l'autre bout du département, et d'en revenir dans un délai raisonnable. M. Allard est d'ailleurs brillant dans la plupart des sujets qu'il aborde ; diriger avec succès une exploitation de cette taille ne peut évidemment pas être le fait d'un individu médiocre. Quelques revues et journaux financiers, posés sur le plateau inférieur de la table basse où il a servi les rafraîchissements, laissent d'autre part entendre qu'il est aussi, et avant tout, un chef d'entreprise. Car la saga de la « ferme Allard » – notre hôte n'est pas né avec mille hectares dans son berceau –, c'est plusieurs décennies d'efforts, de travail acharné et d'alliances judicieuses, qui demanderaient plusieurs tomes pour être relatées. « Et c'est ainsi qu'Allard est grand », n'eût pas manqué d'en conclure Alexandre Vialatte.

D'agriculteurs modestes en exploitants prospères, la fin de l'après-midi approche. Il est temps d'aller saluer le père Gaston ; l'isolement de sa ferme, plantée au milieu d'un désert de blé, donne l'impression d'arriver au bout de quelque monde hostile.

Gaston, 77 ans, est une sorte de géant débonnaire, au crâne dégarni, qui soulève péniblement sa masse pour accueillir ses hôtes comme il convient. Une extraordinaire douceur se dégage de son regard. Pas moyen, chez lui, de boire un jus de fruit. Cela, il ne le comprendrait pas. Il a d'ailleurs déjà envoyé son petit-fils chercher du vin dans le cellier. « De celui qui pétille », a-t-il même précisé au cas où le gamin n'aurait pas pris la mesure de la qualité des visiteurs. Il est heureux de voir ses gendarmes, Gaston, et son visage en est tout illuminé.

Les malheurs ont commencé pour Gaston lorsqu'il a perdu sa femme, voilà sept ans. Deux ans plus tard, un de ses fils s'est suicidé. Puis, un autre a été assassiné à Beaugency, lors d'une rixe avec un automobiliste. Alors Gaston, depuis, il a un peu baissé les bras. Il se laisse aller à sa tristesse. Heureusement, encore, qu'il a ce petit-fils si gentil pour lui tenir compagnie. Mais c'est un petit, justement, avec des passions de loupiot. Et il aime regarder le football à la télévision. « Oh ! ça me barbe, ce football ! », soupire Gaston. Son seul vrai moment de joie, c'est lorsqu'il peut discuter avec ses gendarmes, comme aujourd'hui. Tous ses souvenirs y passent. Mais surtout ses années de guerre, quand il était prisonnier en Allemagne, dans une ferme. Il se lève et va farfouiller dans le tiroir du buffet, dont il ressort des photos. Des clichés pris en 1941, où on le voit en compagnie d'autres prisonniers français, affectés comme lui à des travaux agricoles. Pomponné, digne dans son costume du dimanche, Gaston fixe l'objectif avec un sourire un peu figé, comme ses camarades. Didier Chevreau lui fait remarquer qu'il ne semble pas, sur ces photos, souffrir de disette. « C'est parce qu'on mangeait des patates deux fois par jour », confesse-t-il en rougissant jusqu'au crâne, avant d'ajouter : « C'est là, pourtant, que j'ai commencé à perdre mes cheveux. » Gaston retourne au buffet et en ramène une poignée de vieux billets de banque ; des Reichsmark de la guerre, bien sûr.

L'heure passe et il faut quitter Gaston. Debout, soudain, celui-ci fond en larmes. « Excusez-moi, bredouille-t-il. J'ai eu tellement de malheurs, ces dernières années… » Puis il se reprend et accompagne les gendarmes jusqu'au Trafic. Dans le crépuscule, tandis qu'il agite le bras pour un ultime salut, sa grande carcasse courbée masque le soleil couchant.

Difficile, quand on voit craquer un gaillard comme lui, de rester insensible. « Chaque fois que nous allons le voir – et nous essayons d'y aller chaque semaine –, c'est pareil : il se met à pleurer soit quand nous arrivons, soit quand nous partons. » Gilles et Didier se défendent comme ils le peuvent de la compassion que leur inspire ce vieux solitaire malgré lui.

S'il fallait établir un bilan de cet après-midi, il ne brillerait sans doute pas par la quantité d'informations rapportées de ce périple champêtre. Encore que les gendarmes aient appris deux choses précises au moins sur l'avenir économique immédiat de certaines exploitations parmi les plus importantes du canton. Mais l'essentiel, en définitive, n'est pas là. Gilles Sainjon et Didier Chevreau ont fait mieux que glaner ces informations qui, tôt ou tard, seraient de toute façon venues à leurs oreilles : en rendant visite à Marc et à Gaston, privés de tout lien avec l'extérieur, ils leur ont apporté une bouffée d'air frais et un peu de cette fraternité sans lesquelles ces deux vieux éléphants risqueraient bien de se laisser mourir. Par pudeur, ils se gardent bien de mentionner combien ces visites hebdomadaires, auxquelles ils s'astreignent bénévolement, peuvent les mettre en retard dans l'accomplissement de leurs travaux administratifs. Des heures entières que, d'une manière ou d'une autre, il faudra bien rattraper, souvent sur leurs périodes de temps libre.

La journée du lendemain est d'ailleurs en grande partie consacrée à ces fameuses tâches administratives. C'est vrai, l'informatique a, en ce domaine, considérablement allégé l'exécution de ces tâches – mais les quatre ordinateurs, dont un portable, alloués à la brigade n'y suffisant pas, la plupart des hommes ont fait l'acquisition de micros personnels sur leurs propres deniers –, sans toutefois les ramener à une simple formalité. Tous assis devant leur clavier, regard rivé sur l'écran, les gendarmes rédigent et mettent en forme à tour de doigts les procès-verbaux en retard. C'est le maréchal des logis-chef Chevreau qui est chargé de les conseiller éventuellement dans ce travail. Un pensum qui se chiffre tout de même à 1 200-1 500 procès-verbaux par an pour l'ensemble de la brigade, et qui, avant d'être expédiés aux autorités concernées, sont tous préalablement relus et visés par l'adjudant-chef Portal avant d'être transmis au parquet.

À l'unisson de ce souffle industrieux qui balaie la brigade, Cyrille Charriot, à nouveau planton de service, est pourtant stoppé dans son zèle par une adolescente, qui insiste pour que l'un des gendarmes veuille bien sortir afin de l'aider à réparer le pneu crevé de sa bicyclette. Avec autant de fermeté que de courtoisie, il lui conseille de s'adresser au mécanicien *ad hoc* de l'agglomération, en tentant de lui expliquer que l'objet de sa requête n'est pas du ressort de la gendarmerie, ce que la jeune fille paraît avoir du mal à admettre. Si elle a recouru aux gendarmes, sans doute est-ce parce que ses parents lui ont conseillé d'agir ainsi en cas de nécessité.

De son coin, le maréchal des logis-chef Girard a regardé la scène en hochant la tête, avant de reprendre sa besogne. C'est qu'il a en plus, lui, la charge du bureau militaire de la brigade, à savoir la gestion et le suivi des réservistes de toutes les armes (armée de terre, marine, armée de l'air, gendarmerie), le suivi des jeunes conscrits du canton appelés sous les drapeaux, sans parler du recrutement. Qu'un candidat se présente à la brigade, et c'est alors à Joël Girard qu'incombe de procéder à l'enquête initiale de moralité, avant de transmettre le dossier, avec son avis, au centre de recrutement d'Orléans.

Dans son bureau, l'adjudant-chef Portal n'a pas non plus le loisir de compter les mouches au plafond. C'est à lui que revient la responsabilité d'organiser tout le travail de l'unité : planification sur un an des jours de repos et de permission de chacun de ses hommes (en veillant à ce que tous bénéficient d'une répartition équitable de ces jours-là), de façon à maintenir en permanence au moins 50 % des effectifs opérationnels ; contrôle et signature de toutes les pièces écrites qui sortent de la brigade, ce qui en implique la lecture préalable (les gendarmes officiers de police judiciaire étant également notés par les magistrats, il est important pour eux que ces procédures ne demandent pas à être refaites à cause de détails négligés) ; lecture de tous les dossiers en provenance du parquet et répartition en fonction des compétences de chacun ; contrôle sur le terrain de l'exécution du service effectué par les gendarmes ; gestion des bâtiments et des matériels de l'unité ; mise à jour régulière du « mémorial », dans lequel sont classés tous les dossiers de la circonscription, le fichier de la brigade, les cahiers de service, etc. ; contacts réguliers, enfin, avec les autorités locales, maires des communes du canton et chefs d'entreprise de la région. Bref, un travail qui n'a rien d'une sinécure. Car c'est sur le chef de brigade que reposent toutes les responsabilités. S'il mène sa « boutique » comme il l'entend, avec une large marge de manœuvre, c'est aussi à lui, et à lui seul, que la hiérarchie demande des comptes si la machine vient à se gripper. À lui, donc, d'agir en conséquence et de savoir commander ses hommes.

Si l'on s'avise de regarder sur une carte l'implantation géographique des 3 700 brigades territoriales que compte l'Hexagone, on est alors surpris par l'impression de densité de tous ces points, qui finissent par former une véritable toile d'araignée. Et si l'on songe à la masse de renseignements que ces brigades font quotidiennement remonter, de toutes les régions de France, vers les autorités concernées, on ne peut alors que rester admiratif devant la puissance et l'efficacité redoutables d'une telle machine.

Certes, pourrait-on rétorquer, tout cela est bien beau mais ne concerne en fait que les campagnes. Et ces brigades territoriales, on aimerait bien les voir un peu dans nos banlieues. Une réflexion fréquente, ces derniers temps, Pourtant, les brigades territoriales existent déjà bel et bien en banlieue (en ville aussi), et cela depuis leur origine. Le seul inconvénient est qu'on ne les voit pas, noyées qu'elles sont dans le tissu urbain. Pour pallier ce handicap, la gendarmerie a donc décidé de créer des « brigades de prévention de la délinquance juvénile » (BPDJ) ; mises en place depuis septembre 1997 dans dix grandes villes, leur mission sera d'intervenir dans les zones périurbaines difficiles et d'y privilégier le contact avec les mineurs en difficulté. Tous volontaires, les gendarmes qui les composent ont préalablement suivi un stage au Centre national de formation de la police judiciaire, à Fontainebleau. Thèmes du stage : les bandes organisées, le suicide chez les adolescents, la fugue, les abus sexuels, le vandalisme, etc. Responsable de la formation de ces volontaires, le lieutenant-colonel Le Guyader s'est d'ailleurs expliqué sur la genèse et la mission de ces nouvelles brigades :

– Nous avons constaté, comme tout le monde, une augmentation sans précédent des problèmes de délinquance juvénile dans et autour de certaines villes. Il faut savoir que, entre 1992 et 1996, les crimes et délits impliquant des mineurs ont augmenté de 43 % sur l'ensemble du territoire. Mais, devant l'ampleur de ce phénomène, les brigades territoriales n'ont pas toujours les moyens ni le temps de jouer pleinement leur rôle préventif. Nous avons donc décidé de créer des unités spéciales, appelées à intervenir en priorité dans ces zones dites sensibles pour y effectuer exclusivement un travail de prévention. La mission essentielle de ces brigades sera de faire acte de présence dans les quartiers répertoriés comme difficiles. Leur objectif est de pouvoir établir un contact régulier avec les mineurs délinquants et les adolescents en difficulté. Elles opéreront bien sûr en collaboration avec tous les organismes et services en charge de l'enfance (magistrats, associations, enseignants, etc.). Ce travail de prévention ne fera, en fin de compte, que renforcer l'action quotidienne des gendarmes dans chaque canton.

Voilà qui tendrait à confirmer, s'il en était besoin, non seulement les capacités d'adaptation de la gendarmerie, mais aussi la complémentarité de ses diverses unités. L'un des atouts maîtres de la gendarmerie. Que surgisse une difficulté imprévue en tel ou tel point du territoire, et la gendarmerie est alors capable, en quelques heures, de mobiliser autant d'hommes dans autant d'unités différentes et appropriées, géographiquement proches ou non, que la situation l'exige. Sur simple appel téléphonique au commandant de compagnie, une brigade territoriale peut ainsi bénéficier de l'appui d'un Peloton de surveillance et d'intervention de la gendarmerie (PSIG) ou d'une Équipe légère d'intervention (ELI), pour une interpellation risquée, par exemple. Et si cela ne suffit pas, le commandant de compagnie peut à son tour réclamer l'assistance d'un ou de plusieurs escadrons de gendarmerie mobile, ou bien, dans le cadre d'une enquête délicate, demander le concours d'une Brigade de recherches départementales (BRD), voire, en cas de coup dur, l'intervention du Groupe d'intervention de la gendarmerie nationale (GIGN), et ainsi de suite. C'est le principe de l'empilement, qui passe évidemment par les diverses voies hiérarchiques concernées. À commencer par celle du commandant de compagnie.

2

La Loire n'est pas qu'un long fleuve tranquille

La circonscription de gendarmerie d'Orléans

Dans un quartier sans charme d'Orléans, la caserne Richemont représente ce que l'architecture des années 50 a pu produire de plus médiocre en matière d'immeubles bon marché, construits à la va-vite et sans aucun souci d'esthétique ni de confort pour les infortunés gendarmes qui doivent y travailler et y loger. C'est aussi une image peu flatteuse qu'elle donne ainsi d'elle-même en général, et de l'état-major de la circonscription d'Orléans (13 départements – 8 200 personnels) en particulier, qu'elle abrite tant bien que mal dans l'un de ses bâtiments les plus noircis par le temps, dont le seul mérite qu'on puisse lui accorder est, *a contrario*, celui d'être tellement hideux que, enfin ému par cette laideur rédhibitoire, le ministère de la Défense s'est décidé à faire entreprendre, dans toute la caserne, des travaux d'une ampleur sans précédent. En d'autres termes, on démolit tout et on recommence.

Dissimulé au fin fond de la caserne, dans une bâtisse en préfabriqué où l'on accède par une voie au revêtement défoncé, le capitaine Philippe Baudoin, commandant la compagnie de gendarmerie départementale d'Orléans, sait composer avec ces contingences. Avec onze brigades territoriales sous ses ordres, plus deux unités spécialisées (un Peloton de surveillance et d'intervention et une Brigade de recherches départementales), il n'a pas de temps à consacrer à d'éventuels états d'âme. La gendarmerie ne compte en effet qu'un peu plus de 3 100 officiers environ pour un effectif global de 98 000 hommes ; c'est dire si ces officiers sont pour la plupart surchargés de travail. Cet ancien de l'École polytechnique, le seul de la promotion 1985 à avoir choisi la gendarmerie, a son franc-parler et un comportement à l'avenant. Le ton est donné lorsqu'il se lève soudain de son fauteuil et court dans le couloir en criant : « Newton, veux-tu revenir ici en vitesse ! » Et Newton, son labrador de quelques mois, d'arriver et de mordiller avec ferveur tous les mollets à portée de sa gueule. Le capitaine peut alors reprendre :

– Mes missions ? Eh bien, ce sont celles de tout capitaine de compagnie, ni plus, ni moins. Elles concernent l'ensemble de la « zone exclusive gendarmerie » du département et la sécurité des 117 000 habitants de cette zone. Pour le reste, à part superviser le travail des brigades territoriales et des unités spécialisées, je dois en plus m'occuper du contrôle du service, de la gestion des personnels et, gros morceau, du judiciaire. Cela consiste à gérer les plaintes au procureur de la République, mais de ce côté-là j'ai plutôt de la chance, puisque, sur les 160 hommes de ma compagnie, je dispose de 66 gradés officiers de police judiciaire, qui font tous du bon boulot. C'est aussi à moi que revient d'animer et de coordonner les opérations de police judiciaire. S'il s'agit de demander le concours de la gendarmerie mobile, comme ce fut le cas, récemment, par exemple, pour un concours de *bike-live* – pas de chance, c'est à Saint-Hilaire-Saint-Mémin que le seul club français de Hell's Angels a élu domicile, mais ses membres semblent heureusement plus calmes que leurs homologues scandinaves – qui a eu lieu récemment dans le coin, ou encore pour une soirée *rave* qui a nécessité le renfort de trente-cinq gendarmes mobiles, plus des douaniers – à cause des stupéfiants. C'est dire quand même que la gendarmerie de papa a du plomb dans l'aile…

Newton a encore joué les filles de l'air ; cris et pas de course dans les couloirs, puis le capitaine réapparaît, tenant son chien par le cou.

– Où j'en étais ? Ah, oui, j'étais en train de dire que l'image d'Épinal de la gendarmerie, c'est fini. En regardant derrière moi la carte de la région, où j'ai matérialisé par des punaises de couleurs tous les lieux où s'étaient commis, depuis le début de l'année, les délits les plus graves, on constate d'emblée que ces délits suivent strictement le cours de la Loire. Qu'en conclure, alors, sinon que « la Loire ne draine pas que du sable », comme le dit l'un de mes adjudants ? Plus sérieux encore : dans le seul département du Loiret, 24 % des personnes mises en cause par la gendarmerie pour des faits délictueux sont maintenant des mineurs, contre 16 % en 1994 et 20 % en 1995. Pour le premier semestre 1997, on en est déjà à 26 %. La gendarmerie, dans ce domaine, n'est qu'un agent de constatation. Elle s'attache à montrer la progression de la délinquance des mineurs – hier des peccadilles, aujourd'hui des agressions à main armée – aux procureurs concernés. Quant à la délinquance organisée, il s'agit surtout d'opérations ciblées sur des résidences bourgeoises. Comment voulez-vous que la brigade territoriale de Châteauneuf puisse à elle seule surveiller et protéger les quelque 4 000 résidences secondaires qui se trouvent dans son canton ? Impossible, n'est-ce pas, et c'est pourquoi nous y comptons un nombre élevé de cambriolages. Le montant moyen de ces vols tourne autour de 150 000 francs, en bijoux, peintures – un Pissarro a été récemment dérobé – et meubles. Ce qui intéresse les cambrioleurs, ce sont les objets qui se revendent facilement par le biais des brocanteurs. Allez donc remonter la filière, ensuite… Voilà notre réalité quotidienne. Les MENS, les manouches, sont aussi, qu'on le veuille ou non, très souvent mis en cause dans ce type d'affaires. Il y en a, parmi eux, qui profitent de leurs déplacements pour faire du repérage. Même s'ils finissent parfois par s'implanter – avec la caravane toujours prête à partir, quand même –, ils n'agissent quasiment jamais à proximité de leur lieu de résidence. Alors ils utilisent leurs relations ; ceux de la région voient ainsi fréquemment leurs homologues de l'Île-de-France. Et c'est ensemble qu'ils décident de faire un « raid » dans un lieu donné. Ces raids, nous en avons un par semaine, à peu près, mais ils peuvent aussi se produire par vagues. Un camion est volé à Beaugency et va défoncer une vitrine à Cléry-Saint-André, par exemple. C'est comme ça qu'on peut avoir jusqu'à dix méfaits, dont des agressions sur des automobilistes, commis en une seule nuit ; avec des butins qui sont parfois de 20 000 francs pour 200 000 francs de dégradations. En règle générale, ce qui les intéresse au premier chef, eux, ce sont les coffres-forts des entreprises, les alcools, la nourriture. Sans oublier les cigarettes et les tickets de jeu ; c'est pour ça que, en ce moment, on a une recrudescence de cambriolages de tabacs. Ce n'est pas simple : on a beau positionner un peloton de surveillance et d'intervention, faire appel à des renforts, ils nous filent souvent entre les doigts. Leur point fort, c'est la mobilité. Ils sont capables de franchir en une nuit des distances incroyables. Parce qu'ils savent bien que, en passant de tel canton à tel autre, puis de tel département à tel autre, ce ne sont évidemment plus les mêmes forces de gendarmerie qui sont à leur poursuite. Ceux qui se sont livrés, avec un véhicule bélier, à quatre ou cinq attaques consécutives dans un périmètre restreint du coin, entre 23 heures et 1 heure du matin, se retrouvent une heure plus tard dans l'Essonne, en Normandie, ou ailleurs encore. Notre organisation, ils la connaissent parfaitement. C'est un jeu entre eux et les « Schmidt », comme ils nous appellent ; un sobriquet qui doit venir de l'allemand. Et en plus, quand ils se font coincer, ils font appel à des ténors du barreau, dont l'un d'entre eux est bien connu pour avoir défendu un homme d'affaires célèbre, qu'ils paient cash et toujours en liquide. C'est une délinquance mouvante et difficile… Ah, les manouches ! La gendarmerie avait bien établi un fichier de leurs pérégrinations, mais elle l'a supprimé, de crainte que la CNIL [1] n'intervienne.

« L'un de nos autres gros soucis, par ici – j'y ai déjà fait allusion –, c'est les *rave parties*. Les soi-disant dingues de

1. Commission nationale de l'informatique et des libertés.

techno trouvent toujours une clairière, dans l'une ou l'autre des forêts de la région, voire des locaux industriels désaffectés – tout leur est bon pourvu que l'endroit soit désert, ou plutôt supposé tel – pour se réunir. Comme nous ne sommes pas bien loin de Paris, nous sommes gâtés, dans ce domaine. Mais ceux qui les organisent ont beau être discrets, nous finissons toujours par être informés de la date et du lieu où elles doivent avoir lieu. Sur les routes d'accès, c'est nos gendarmes départementaux qui les accueillent, les amateurs de techno. Et quand une *rave* est déjà en cours, les gendarmes mobiles interviennent aussi, parfois, comme l'autre jour, pour disperser la foule et en canaliser le départ dans les meilleures conditions. On n'imagine pas ce que les organisateurs peuvent se mettre dans les poches ! Leur système est rodé, maintenant : ils font venir un disc-jockey en vogue, de Paris ou même de Londres, puis ils mettent en vente, par leurs réseaux, le plan du lieu de la soirée et la meilleure façon de s'y rendre. Quand il y a plus de 5 000 plans de vendus, ça commence à chiffrer… Le reste, ils s'en fichent, que la *rave* se déroule ou non jusqu'au bout ; ils ont encaissé, ce n'est plus leur affaire. Ces *rave*, vous avez de beaux esprits, et pas des moindres, pour prétendre que ce sont là des moments "festifs", comme ils disent, nécessaires à la jeunesse. Eh bien, moi, j'aimerais leur montrer un peu ce qu'on y trouve, dans ces *rave*. Peut-être alors seraient-ils moins péremptoires, et surtout moins stupides… »

Joignant le geste à la parole, le capitaine Baudoin sort d'un tiroir de son bureau des pilules d'ecstasy et des boulettes de chanvre, avant de poursuivre :

– Le haschisch, passe encore, mais l'ecstasy, ça, pas question ! C'est du poison, ce truc, et il y en a pas mal qui en meurent. C'est pour cela que les douaniers s'y intéressent aussi. Alors, qu'on ne vienne pas me soutenir que ces *rave* ne sont que d'innocentes soirées. D'ailleurs, sur place, il suffit de voir après les milliers de canettes et de bouteilles de scotch vides, sans parler du reste, pour se rendre compte que, non, ce n'est pas vraiment innocent. Sans compter les retours en voiture, ensuite, avec tous les risques d'accident que cela comporte…

On le sent lancé, le capitaine. Une nouvelle escapade de Newton dans les locaux le fait à nouveau bondir de son siège, lorsqu'arrive le maître-chien de la compagnie, le gendarme Bruno Carnesciali, impatient de présenter son fauve, un splendide berger allemand de 8 ans qui attend dehors, heureusement, à l'arrière d'un break Peugeot aménagé. Encore un d'intarissable sur sa passion.

Edo a un caractère ombrageux ; il lui est même arrivé de mordre son maître. Mais ce qui passerait pour un travers chez certains est considéré comme une qualité par celui-ci : « Mieux vaut avoir à tempérer son chien que de disposer d'une bête trop asservie et qui ne prend aucune initiative », explique-t-il. Quoi qu'il en soit, le gendarme Carnesciali sait ce qu'il dit : comme tous les maîtres-chien de la gendarmerie, il a suivi un stage initial de treize semaines à Gramat, dans le Lot. C'est là que, depuis 1945, le Centre national d'instruction cynophile de la gendarmerie (CNICG) dresse les chiens et forme leurs maîtres, l'un n'allant évidemment pas sans l'autre. Il suffit d'entendre Bruno Carnesciali raconter la cérémonie du « mariage des équipes », c'est-à-dire le jour où les dresseurs de Gramat désignent à leurs maîtres respectifs les chiens qu'ils ont jugé bon de leur attribuer, selon des critères de choix rigoureux et longuement débattus, pour se rendre compte combien ces instants ont tenu de place dans sa vie ; ces instants, car ce gendarme cynophile en est à son troisième chien consécutif. Et si l'on sait qu'il ne se sépare jamais de son berger allemand, y compris pour dormir, on comprend mieux qu'il soit resté célibataire. Il a beau affirmer qu'Edo sera le dernier, il ne convainc personne, à commencer lui.

Deux heures durant, Bruno Carnesciali fera travailler son « pisteur et mordant » en forêt de Cercottes ; deux heures durant, entrecoupées de périodes de repos – l'attention maximum d'un chien n'excède pas une quinzaine de minutes – Edo démarrera au quart de tour, la truffe au ras du sol, pistant en zigzag un gendarme auxiliaire caché pour l'occasion, toujours débusqué par le molosse en dépit des ruses de son maître.

Tous, hélas, n'apprécient pas les chiens comme sait les apprécier, lui, le gendarme Carnesciali. Tandis que, de retour à la caserne, il chemine en direction du mess, il tombe sur un ouvrier du chantier, un paisible Maghrébin, en train d'uriner contre une haie. Par pur altruisme, il s'empresse aussitôt de modérer les instincts de son redoutable berger allemand : « Oh ! Edo, fais donc attention de ne pas mordre monsieur où il ne faudrait pas... » Cette réflexion fait, bien sûr, immanquablement se retourner le Maghrébin qui, terrifié par la nature et la proximité de la menace, referme sa braguette d'un geste précipité en s'exclamant : « Ah, non, alors ! J'ai eu assez de mal à la maintenir jusque-là ! » Un émouvant cri du cœur.

Cette réaction apeurée est proche, selon le maître-chien, de celle de manouches placés dans une situation identique :

– Si les MENS ne craignent absolument pas les armes – ils connaissent trop bien et nos devoirs et leurs droits dans ce domaine –, ils ont, en revanche, une peur panique de nos bêtes. Ce qui n'est pas une raison pour en abuser. Et d'ailleurs, ces chiens-là sont assimilés à une arme par le code.

C'est en 1989 que, pour la première fois de sa très longue histoire, la gendarmerie a fait parler d'elle dans la presse ailleurs que dans les pages de faits divers. Depuis quelques mois déjà, la grogne montait dans les rangs de la « base », pour emprunter au vocabulaire des vieux leaders syndicalistes. La plus discrète de la grande muette commençait à grommeler publiquement que trop, c'était trop. Elle disait même, la gendarmerie, qu'elle en avait ras-le-bol. Inconcevable ! Mais là où la stupeur devait atteindre son comble, c'est lorsque, tout aussi publiquement, des officiers supérieurs prirent fait et cause pour cette fameuse « base », allant même jusqu'à lui exprimer leur soutien dans les colonnes de quotidiens dont l'irréprochable passé d'inamovibles défenseurs des institutions ne pouvait prêter le flanc à la moindre allusion sur une quelconque transaction financière en leur faveur. C'était soudain le monde renversé, les valeurs éternelles jetées aux orties, le chaos ; bref, la voie ouverte à la sédition. Avec plus de vingt ans de retard, la gendarmerie faisait son petit mai 68. À la différence près que l'objet de sa fronde n'était pas la société de consommation, bien au contraire ; et si elle cherchait, elle aussi, la plage sous les pavés, c'était peut-être pour en avoir trop reçu sur la figure, de ces fichus pavés. Et depuis trop longtemps.

Or, que disaient les gendarmes ? Rien de bien grave, en fait, sinon qu'ils en avaient assez d'être pris pour la bonne à tout faire de la République, corvéable à merci, et qu'il était peut-être temps de remédier à ces abus. Une situation dont la direction avait depuis longtemps pris la mesure, mais dont les politiques feignaient d'ignorer l'importance. Jusqu'au jour où, prenant soudain conscience que cette vague de revendications était, en fin de compte, parfaitement fondée, ils en tirèrent les conclusions qui s'imposaient et donnèrent leur aval pour que la direction générale agisse en conséquence. Les gendarmes, nul ne pouvait le nier, avaient alors des horaires de travail dignes de ceux d'un ouvrier du XIXe siècle ; ceux des brigades territoriales, en particulier, accomplissaient des douze ou quatorze heures quotidiennes, sinon plus, sans parler de leurs nuits perpétuellement sabotées par le défilé des gens venant sonner à leur porte, qui pour savoir quel était le médecin de garde ce soir-là, qui pour demander les horaires de la prochaine séance au cinéma du village. Un service gracieux qui ne les dispensait pas d'effectuer, comme à l'accoutumée, leurs patrouilles de nuit. Ils n'en pouvaient plus. La première mesure prise par la Direction générale fut donc, très judicieusement, dans les deux ans qui suivirent cette poussée de fièvre, de réorganiser le service des brigades de gendarmerie. Ce fut la naissance des Centres opérationnels de gendarmerie (COG), situés dans les villes les plus proches de ces brigades. Dorénavant, le citoyen qui venait, la nuit, sonner pour une urgence, réelle ou supposée, était automatiquement mis en contact avec le COG concerné, qui traitait alors sa requête et ne dérangeait les gendarmes locaux que s'il le jugeait nécessaire. Idem pour les appels téléphoniques, tous déviés sur le COG entre 19 heures et 7 heures. Associé à une informatisation accélérée, ainsi qu'à une modernisation des réseaux de transmission, ce système allait non seulement désamorcer la crise, mais aussi se révéler des plus efficaces. Sauf cas d'urgence, les gendarmes pouvaient enfin dormir la nuit. Ceux des brigades, bien entendu, car pour ceux du COG, la nuit blanche est depuis devenue la règle.

En vis-à-vis des locaux de la compagnie du capitaine Baudoin, le COG de la région d'Orléans, créé en 1991, s'apprête à vivre, lui aussi, une nuit blanche comme les autres. Casque d'écoute sur les oreilles, ordinateur devant eux, les gendarmes Bazire et Moreau sont enfoncés dans des fauteuils semblables à ceux des premières classes d'un avion commercial. Il faut bien ça. En face d'eux, sur toute la largeur du mur, une carte lumineuse de la région où sont répertoriées toutes les unités d'astreinte cette nuit-là ; les lumières rouges, elles, signalent les gendarmes en patrouille ; ils ont, dès l'après-midi, informé le COG de cette patrouille, et la lui confirment au moment de leur départ, de même qu'ils le préviendront ultérieurement de leur retour. Raffinement de la technique : le réseau *Rubis* [1] permet d'établir une « conférence » entre toutes les unités qui le souhaitent. En cas d'événement grave, le COG peut alors déclencher lui-même une « conférence » spéciale et mobiliser ainsi un maximum d'unités dans un délai très court, toutes les unités en service étant tenues de mettre leurs *Rubis* en position *ad hoc* pour en être informées. Ce système inviolable, aux communications codées de leur départ jusqu'à leur arrivée, permet également, si besoin est, de joindre une unité en

1. Système radioélectrique de communication de très haut niveau spécialement développé par Matra pour la gendarmerie, dont la mise en place a commencé en 1994 et s'achèvera en l'an 2000.

particulier et elle seule. Dès qu'un message d'urgence parvient au COG, il est, d'une part, immédiatement noté en informatique et, de l'autre, aussitôt basculé sur le système *Rubis* des patrouilles concernées, avant d'être confirmé par phonie, ou bien par téléphone si le système n'est pas activé.

C'est donc ici, au COG d'Orléans, que parviennent chaque nuit tous les appels de détresse, ou les appels fantaisistes, des habitants du Loiret. Et ça commence bien ! Premier appel à 19 h 05 : une femme se plaint de ce que son train pour Orléans ait déjà une demi-heure de retard ; quant au conseil du gendarme lui suggérant d'en référer plutôt à la SNCF, elle n'en a cure ; si son train a du retard, il n'est pas question pour elle de s'adresser à ces bons à rien de la SNCF. Logique, mais sans issue ; malgré toute sa bonne volonté, la gendarmerie ne peut rien pour elle. Dès le début de la conversation, tandis qu'apparaissait sur son écran l'origine de l'appel – qu'il s'agisse de la brigade dont il émane ou du numéro de téléphone, cabines publiques comprises, d'où appelle la personne –, le gendarme a noté le nom et l'adresse de son interlocuteur, ainsi que le motif de son appel. De toute façon, l'intégralité de la conversation, plus la date et l'heure, ont été enregistrées et seront conservées six mois en mémoire. Au suivant, ou plutôt à la suivante : une femme, encore, exige qu'on lui envoie immédiatement une patrouille : ses sacs à provisions sont trop lourds à porter. Avec diplomatie, le gendarme parvient à la convaincre que ce problème n'est pas vraiment de son ressort et que, en l'occurrence, recourir à un voisin complaisant serait sans doute la meilleure solution.

– Voilà le type même de dérangements auxquels étaient sans arrêt soumises les brigades avant la mise en place des COG, assure le gendarme. C'est toujours comme ça en début de soirée ; les gens s'ennuient et nous appellent sous n'importe quel prétexte. Si ça se trouve, la petite dame en rogne contre la SNCF, c'est son train d'hier qui avait du retard…

Il parle en connaissance de cause ; tous les gendarmes travaillant dans les COG viennent en effet obligatoirement des brigades territoriales. C'est là une expérience quasiment indispensable pour être un bon opérateur. Par la suite, avec le métier, ces hommes du COG savent en très peu de temps dégager l'essentiel de ce qu'ils doivent savoir de leur interlocuteur et décider en conséquence. Mais ils savent aussi, lorsqu'il le faut, prendre leur temps pour « écouter » ceux dont ils ont compris qu'ils se trouvaient, pour une raison ou pour une autre, en plein désarroi. De ce métier, ils ont appris au fil des ans à connaître toutes les facettes, dont le faux appel de détresse est sans doute celui qui leur fait perdre le plus de temps ; jamais, pourtant, leur patience n'est prise en défaut. Ainsi des dimanches soir, où ils ont à traiter d'innombrables problèmes de couples ; dès qu'une épouse a appelé le COG une première fois à propos d'une scène de ménage, ils savent qu'elle continuera à le faire régulièrement ; mais même si cette femme est victime de sévices à répétition, ils sont aussi parfaitement conscients que, en fin de compte, elle n'acceptera jamais de déposer une plainte. Les gendarmes du COG ne peuvent rien faire d'autre que de l'écouter et, s'ils l'estiment nécessaire, de lui envoyer leurs collègues de la brigade territoriale de son lieu de résidence. Ces dimanches soir sont également propices aux problèmes de couples divorcés ; c'est en effet la journée par excellence des droits de visite. Tantôt c'est donc une mère qui veut porter plainte parce que son ex-mari a dix minutes de retard pour lui ramener les enfants, tantôt c'est un père qui veut lui aussi porter plainte parce que son ex-épouse refuse de le laisser entrer chez elle alors qu'il raccompagne les enfants dont elle a officiellement la garde. En fin de semaine, la palette des appels à caractère social est infinie.

Avec le temps, les hommes du COG sont parvenus à définir l'archétype de la nuit de tous les problèmes : une nuit orageuse et de pleine lune au printemps, entre le dimanche et le lundi. C'est une telle nuit qui leur a valu, en 1994, de battre tous les records avec 204 appels entre 19 heures et 7 heures du matin. Sur ces 204 appels, seuls 33 d'entre eux avaient nécessité l'intervention de brigades territoriales. De tels pics restent heureusement l'exception.

En fait, si le centre opérationnel est ainsi victime de son succès, pourrait-on dire, c'est d'abord en raison de l'absence de communication entre les personnes. Il est sur ce plan révélateur d'entendre ces gendarmes déplorer que les gens d'un même immeuble, voire d'un même palier, par exemple, préfèrent aujourd'hui passer par ce genre d'intermédiaire pour tenter de résoudre leurs problèmes, au lieu d'en discuter directement entre eux. Pire, cette absence de communication touche désormais les populations rurales, et il arrive couramment que les habitants de trois fermes situées à une centaine de mètres l'une de l'autre ne se parlent jamais entre eux.

C'est vers 23 heures que commencent en général les appels sérieux, dont, en priorité, ceux qui concernent les accidents de la circulation, et en particulier ceux qui ont occasionné des blessures aux passagers des véhicules impliqués. La brigade la plus proche du lieu de l'accident est alors aussitôt prévenue ; en cas d'accident mortel, ce sont les hommes du COG qui engagent immédiatement auprès du parquet la procédure requise, épargnant ainsi ce travail aux brigades alertées. Mais ces appels prétendument sérieux ne le sont pas tous. Il s'y glisse régulièrement ceux de personnes, souvent âgées et insomniaques, qui sont tout simplement angoissées et recourent au COG à seule fin, sous prétexte d'avoir vu, de leur fenêtre, quelque rôdeur dans les parages, de voir arriver sur place les gendarmes de la brigade territoriale et de s'en trouver rassurées. Comment leur en vouloir ?

Ces COG, en définitive, dont la population use et abuse, n'est-ce pas une sorte de « SOS Gendarmes » qui serait à lui seul une synthèse de tous les « SOS Femmes battues », « SOS Personnes âgées », « SOS Suicide » et, plus globalement, l'ultime recours de tous ceux qui ont juste envie de parler à quelqu'un pour rompre une solitude étouffante ? Une question que ne se posent même pas les gendarmes du COG, puisqu'ils en ont la réponse, évidente.

Ces infirmiers de l'âme, soumis à une tension permanente, ont, grâce à Dieu, quelques compensations ; car si, parfois, leur travail s'assimile plus à un apostolat qu'à une partie de plaisir, il arrive aussi qu'il ne puisse qu'engendrer l'hilarité ; il s'agit là des innombrables gags dont, inlassablement, leurs concitoyens les régalent. Des gags si variés que *Gend'Info*, le magazine de liaison de la gendarmerie, leur consacre chaque mois une rubrique spéciale. Ainsi de ce citoyen appelant le COG et demandant que soit mis à sa disposition, dans les cinq minutes, un hélicoptère de la gendarmerie afin d'acheminer la « lettre ouverte » qu'il vient d'écrire au président de la République. Ou cette femme signalant que sa mère est partie en voiture avec l'intention d'emprunter l'autoroute, ce qui n'aurait en soi rien que de très banal si la conductrice ne roulait sans permis depuis plus de trente ans ; le peloton d'autoroute se chargera d'intercepter à temps l'intrépide grand-mère. Ou encore cette citoyenne belge, soucieuse d'être en conformité avec la loi française et s'inquiétant de savoir si l'arme de son mari est soumise à déclaration ; à la question de l'opérateur lui demandant si le fusil de son époux se « cassait », l'interlocutrice rétorque alors, indignée : « Ah non, monsieur ! C'est de la qualité, il est en bois et en fer ! ». Chaque matin, en quittant leurs fauteuils, les gendarmes Bazire et Moreau ramènent ainsi chez eux des perles de ce genre, où le cocasse le dispute au saugrenu. Mais ils ramènent aussi le poids de toutes leurs conversations avec des interlocuteurs sans visage, tous plus perdus les uns que les autres. Des individus seuls, irrémédiablement seuls, et qui tentent à leur manière, souvent poignante, d'échapper au désespoir ou à la folie.

Si porter secours à nos concitoyens entre pleinement dans les fonctions de la gendarmerie, celui d'assurer leur sécurité et de protéger leurs biens en fait également partie. Et dans ce domaine, les trente Sections de recherches (SR) réparties sur le territoire national sont des actrices de premier plan. Créées en 1977, les SR avaient alors pour objectif de répondre aux nouvelles formes de criminalité qui commençaient à faire leur apparition. L'une d'elles était la délinquance itinérante, un phénomène qui, depuis, a pris une ampleur considérable. Ce n'est cependant pas l'unique cible des SR ; homicides, affaires de mœurs, agressions de personnes âgées, atteintes aux biens, vols importants, arrachage de distributeurs automatiques de billets, vols de fret, vols à l'aide de voitures-béliers et criminalité informatique, les SR traitent en réalité l'ensemble des délits graves et répétés. En vertu d'un schéma traditionnel dans la gendarmerie, elles se divisent en groupes dont chacun possède sa propre spécialité : l'un traite les affaires criminelles et la délinquance itinérante, l'autre s'occupe des vols à main armée (VAMA), un troisième est chargé de la délinquance financière (DEFI), un quatrième des stupéfiants, tandis que le dernier est constitué de techniciens en investigation criminelle (TIC) ; un documentaliste, enfin, a pour tâche d'opérer les rapprochements éventuels entre diverses affaires, tandis qu'un groupe d'observation et de surveillance (GOS) peut, selon les besoins, être formé pour une durée indéterminée.

Jovial et volubile, le major Christian Ranoux a la cinquantaine épanouie d'un homme bien dans sa peau ; nul ne songerait, de prime abord, qu'il a passé l'essentiel de sa vie à traquer le crime sous toutes ses formes, et surtout les pires ; seul son air matois pourrait, à la rigueur, le trahir. Comme pour mieux tromper son monde, le major est en civil ; rien d'étonnant à cela : depuis 1987, le port de la tenue civile est non seulement autorisé pour les hommes des SR, mais même conseillé ; on voit mal, d'ailleurs, comment il pourrait en aller autrement lorsqu'il s'agit de surveiller ou de filer un malfrat sans se faire remarquer. Christian Ranoux cligne de l'œil en expliquant ce détail vestimentaire propre à sa « boutique ». Point n'est besoin d'être devin pour se rendre compte que, sous son apparence bon enfant, le major est un redoutable professionnel. Il reconnaît d'ailleurs exercer le métier dont il rêvait adolescent. Un métier « très intense et un grand jeu très sérieux », dit-il. Sa consécration est de diriger aujourd'hui les six hommes du groupe VAMA de la section ; son domaine, c'est les braquages.

– Tous les braquages qui se produisent dans la zone d'activité de la section d'Orléans, précise-t-il, c'est-à-dire le Loiret, le Loir-et-Cher et l'Indre-et-Loire, soit précisément la zone de compétence de la cour d'appel d'Orléans et de son procureur général. Nous travaillons en effet à environ 70 % sur commissions rogatoires des juges d'instruction et 30 % sur enquêtes préliminaires demandées par le procureur de la République. La plupart de nos enquêteurs sont des officiers de police judiciaire confirmés et suivent régulièrement des stages de recyclage au Centre national de formation de la police judiciaire de Fontainebleau, où les cours sont dispensés par des magistrats et des spécialistes. En matière de braquages, les hommes du groupe ont une vision globale de tous les grands « phénomènes qui agissent » non seulement dans la zone de compétence de la section, mais partout en France.

Mais, devant l'incompréhension manifeste de son auditoire relative à la nature du « phénomène » en question, le major se voit dans l'obligation d'être plus explicite :

– Excusez-moi, j'oubliais. Oui, un « phénomène », pour nous, est un terme qui s'applique à une équipe de malfaiteurs qui, un peu partout, a déjà commis plusieurs braquages susceptibles de permettre son identification. Je prends un exemple : là, sur l'étagère derrière mon bureau, il y a un dossier intitulé « Le pain à main armée ». Ce n'est pas, comme on pourrait le penser, le titre fantaisiste d'un mauvais roman policier, mais le dossier d'un braqueur qui agit toujours de la même manière, à savoir qu'il entre dans une banque avec un fusil à canon scié planqué dans une miche de pain. C'est original, d'accord, mais lorsqu'il en est à son troisième ou quatrième braquage commis de cette façon dans telle ou telle région, notre dossier, qui a été ouvert dès son premier hold-up, commence à s'enrichir de pas mal d'éléments nouveaux en provenance de tous les endroits où il a sévi. Petit à petit, à partir des éléments d'enquête recueillis lors de chacun de ses méfaits, éléments transmis à l'Institut de recherche criminelle de la gendarmerie nationale (IRCGN) et au Service technique de recherches judiciaires et de documentation (STRJD) de Rosny-sous-Bois pour analyse et recoupements, nous finissons donc par en savoir beaucoup sur l'auteur de ces braquages. Il nous reste ensuite à faire « l'environnement du suspect » – enquête au service des impôts, à l'Assedic, enquête de voisinage et tout le toutim –, ce qui nous permet d'avoir déjà une physionomie générale assez précise de cet individu. Il nous faut enfin réunir le maximum de preuves matérielles contre lui ; les aveux, de nos jours, n'ont plus, en effet, qu'une valeur très relative en cour d'assises ; c'est donc à nous de transmettre au parquet un dossier en béton. Quant à l'interpellation, ce n'est qu'une simple estocade. Mais l'ensemble du processus peut prendre des mois ; et pour certains, il faut parler d'années.

Derrière le major, quelques dossiers d'affaires toujours en cours, dont ceux intitulés « Fumigène », « Duo Picard », « L'Équipe des lads », « Le muet à l'explosif » ou « Solitaire au cartable 45 » : une sorte d'inventaire à la Prévert de la grande truanderie. Dans le langage des SR, ces dossiers s'appellent des « crânes », et on dit de celui qui est parvenu à boucler une enquête qu'il « a réussi un crâne ».

Sur les moyens mis à la disposition de la section de recherches, le major Ranoux n'a rien à redire :

– Non, là, vraiment, nous serions mal venus de nous plaindre. Nous disposons à peu près de tout ce qui nous est nécessaire pour mener nos enquêtes : planques, parfois louées à des particuliers, véhicules spécialement équipés avec caméras miniatures et antennes intégrées dans la carrosserie, matériel de prises de vue, enfin, tout ce qu'on peut imaginer dans ce domaine. Et si nous sommes sur une filature qui menace de durer plusieurs jours et nous impose donc de changer fréquemment de voiture banalisée, alors nous en louons autant qu'il le faut. Sur cette question de frais de route, personne ne vient nous chicaner. C'est que, n'est-ce pas, nous sommes parfois amenés à partir des dix ou quinze jours d'affilée, et souvent à plusieurs centaines de kilomètres d'ici, ce qui implique évidemment de coucher à l'hôtel et de nous nourrir au restaurant. Et si, par exemple, il nous faut être ce soir à Marseille pour y interpeller quelqu'un, soit nous prenons alors un avion militaire, s'il y en a un de disponible, soit un avion civil. Il nous arrive aussi de devoir nous rendre à l'étranger, sur commission rogatoire internationale ; cela se fait après entente entre la France et le pays de destination, via Interpol. Une fois sur place, c'est le service de police du pays d'accueil qui, sous la dictée de nos hommes, veille au bon déroulement de l'enquête. Pour les opérations plus rapprochées, nous disposons en permanence d'un hélicoptère toujours prêt à décoller. Et s'il le faut, la gendarmerie peut d'autre part mobiliser un maximum de gens dans un minimum de temps : un peloton de vingt-cinq hommes dans l'heure qui suit et un escadron de soixante-dix dans les deux heures. Les cantines et l'armement nécessaires sont, eux aussi, toujours prêts. Cette disponibilité immédiate des effectifs requis pour une opération X nous est d'ailleurs enviée par la police. Tenez, hier matin, nous avons eu un braquage à Chambray-lès-Tours ; un fourgon de la Brink's s'est fait soulager de 540 000 francs. Nous avons été prévenus par la brigade territoriale de Chambray et deux heures plus tard deux de nos hommes étaient sur les lieux, où ils resteront tout le temps nécessaire ; ils peuvent aussi se déplacer s'ils le jugent utile. Nous travaillons dans un climat de confiance avec les magistrats, qui ont appris à apprécier notre boulot ; le procureur leur laisse donc en général toute latitude pour mener l'enquête comme ils l'entendent. Et puis, si…

La tirade de Christian Ranoux est interrompue par l'intrusion fracassante de l'un de ses hommes dans le bureau :

– Major ! Major, commence-t-il, essoufflé, c'est pour l'affaire de Cléry-Saint-André…

L'affaire qui met en émoi le subordonné du major s'est déroulée au cours de la nuit précédente. À deux heures du matin, réveillés par le bruit, des riverains d'une rue de Cléry aperçoivent, de leur fenêtre, un véhicule-bélier en train de défoncer les portes d'un entrepôt voisin ; en bons citoyens, ils téléphonent sur-le-champ à la brigade territoriale pour lui signaler ce forfait. Au bout du fil, le COG d'Orléans prend note et réveille les gendarmes de Cléry. Une fois parvenus sur place, des témoins leur affirment avoir vu, à proximité des lieux et à la même heure, une Peugeot 205 blanche immatriculée en Allemagne. Les gendarmes de Cléry en avertissent alors le COG, qui diffuse, via *Rubis*, le signalement de cette 205 à toutes les patrouilles des environs ; comme il le fait toujours en pareil cas, le COG en informe également la police d'Orléans. Moins d'une demi-heure plus tard, la 205 est interceptée à Orléans, sur les bords de la Loire, par des policiers de la brigade anticriminalité (BAC) et ses occupants, tous deux âgés d'une vingtaine d'années, amenés sans ménagement au poste ; mais la police, qui n'est pas territorialement compétente dans cette affaire, remet les deux suspects aux gendarmes de Cléry. Les lascars vivent alors une fin de nuit mémorable : interrogés sans relâche durant des heures, ils se défendent d'avoir eu la moindre intention de défoncer les portes de l'entrepôt. Qu'on veuille bien d'ailleurs aller vérifier si leur voiture porte une trace quelconque de cette soi-disant tentative, supplient-ils. La Peugeot, de fait, ne porte aucune trace de ce genre. Quant aux papiers du véhicule, ils sont tout ce qu'il y a de plus en règle, assurance comprise. Mohammed, le conducteur, a acheté cette 205 voilà quinze jours à des amis d'Offenburg, en Allemagne. D'accord, mais que faisaient-ils tous les deux dans le coin et qu'ont-ils à dire de cette voiture bélier fantôme ? Pas si fantôme que cela, au demeurant, à voir les portes à moitié défoncées de l'entrepôt. Un argument qui laisse de marbre Mohammed et son copain. Et les 8 000 francs en liquide que Mohammed a dans sa poche, d'où viennent-ils ? Son patron l'a payé hier, et c'est tout. Silence complet. Mais la perspective de passer le reste de la nuit en garde à vue dans la cellule de la brigade les fait soudain changer d'avis : oui, ils étaient bien sur place et ils étaient en train de siphonner le réservoir de gas-oil d'un semi-remorque en stationnement lorsque, eux aussi, ont entendu une voiture tenter de forcer les portes de l'entrepôt ; affolés, ils se sont cachés derrière le camion, assez maladroitement sans doute puisque les malfrats les ont aperçus, leur ont sauté dessus et les ont malmenés en menaçant de les tuer si jamais ils parlaient d'eux. Terrifiés, les « siphonneurs » éclatent en sanglots et s'en remettent à la protection de la brigade. Pathétique ! Pour leur assurer cette protection qu'ils sollicitent, les gendarmes réussissent néanmoins à convaincre les deux jeunes d'attendre le matin bien au chaud dans la cellule de la brigade.

Les vérifications effectuées par les gendarmes dans le courant de la matinée confirment point par point les propos de Mohammed et de son acolyte ; il y a bien un jerrican de fuel dans le coffre de la 205, restée dans la cour du commissariat d'Orléans, et le patron du premier, contacté, a confirmé qu'il avait effectivement payé la veille son employé en liquide. Seule ombre au tableau pour eux : le propriétaire du camion porte plainte pour vol de fuel ; c'est la troisième fois en moins d'un mois que son réservoir est siphonné.

Dans les locaux de la brigade de Cléry, cet après-midi-là, Mohammed et son complice font réellement pitié. Les gendarmes ne s'y trompent pas, qui rédigent leurs procès-verbaux sur cette affaire en leur expliquant ce qu'ils risquent en correctionnelle pour ce vol de carburant, à savoir pas grand-chose, même si, joint par téléphone, le SRPJ d'Orléans donne des détails sur le casier judiciaire de Mohammed, où quelques « rébellions » et « outrages à agents de la force publique » figurent déjà en bonne place. Une nuit que ces zèbres ne sont pas près d'oublier ! Menacés de mort par des truands chevronnés, arrêtés, déshabillés et fouillés par les hommes de la BAC, remis aux gendarmes, interrogés, terrorisés de devoir avouer la vérité, exténués et hirsutes, ce ne sont plus que des semblants de mauvais garçons. Mohammed et son pote ne figureront jamais au palmarès des stars de la pègre ; à celui des bras cassés de la petite délinquance, en revanche, leurs chances sont solides. Tellement, même, que les gendarmes, afin de leur éviter tout nouveau désastre, décident de les ramener chez eux en voiture.

De retour de Cléry-Saint-André, les hommes de la section de recherches relatent au major Ranoux la tournure grand-guignolesque prise au cours de la nuit et de la journée par cette affaire. Mais s'il en apprécie tout le sel, il n'en perd pas pour cela sa conscience professionnelle.

– Tout ça, c'est bien beau, commente-t-il, mais en attendant, ça ne nous donne pas les noms de ceux qui ont tenté ce coup-là. Vu la manière d'opérer, il y a de fortes chances pour que ce soient encore des manouches. Ceux-là, alors…

Et le major d'évoquer ces sacrés manouches qui les « embourriquent », comme disent les paysans de la région.

– Pour le manouche, le seul flic qui existe, c'est le gendarme en tenue. Cela tient sans doute à des raisons historiques, quand nous leur courions après pour des vols de poules ou de lapins… Ah, si vous les entendiez, quand on va les voir et qu'ils ont passé une partie de la nuit à la chasse au « niglou », comme ils appellent le hérisson ; il en traîne deux ou trois sur la table et ils vous les montrent en disant : « J'vous l'avions bien dit, monsieur le gendarme, j'y travaillons dur pour manger. » Ou quand ils sont malades et vous confient, avec le ton de celui qui se sait à la dernière extrémité : « J'a pris un truc qui bout », pour parler d'un comprimé effervescent. Les bougres, ils vous tireraient presque les larmes des yeux…

C'est également l'opinion du lieutenant-colonel Ceccaldi, le patron de la section de recherches d'Orléans, qui vient d'entrer dans le bureau. Il la commande en laissant le plus d'initiative possible à ses hommes, tous des professionnels et des passionnés. Et être passionné, Bernard Ceccaldi sait ce que cela signifie ; il a précédemment dirigé le département d'entomologie médico-légale de l'Institut de recherche criminelle de la gendarmerie nationale, au fort de Rosny-sous-Bois. Sa spécialité, c'est les insectes en général et les mouches en particulier ; et pas les mouches du plafond, non, mais celles qui, par « escouades » successives, fréquentent les cadavres. De l'étude de ces escouades respectives, la criminalistique a su profiter pour progresser dans l'établissement des dates de décès de victimes dont le corps n'a été retrouvé que plusieurs semaines ou plusieurs mois après, des déplacements éventuels des cadavres de ces victimes et de bien d'autres joyeusetés du même tonneau. Or, il est rigoureusement impossible d'être intéressé par un tel sujet sans être soit un passionné, soit un individu singulier et menant, par la force des choses, une vie d'anachorète farfelu, au regard illuminé et à la barbe de prophète, s'adressant à ses mouches avec des mots d'une tendresse suspecte. Ce qui n'est pas, mais alors pas du tout, l'image que donne de lui-même le lieutenant-colonel Ceccaldi. Pleinement ouvert à la vie, rompu à un humour de bon aloi, il évite au contraire de s'appesantir sur l'objet de cette passion, tant par modestie que par urbanité à l'égard de ses interlocuteurs. Et comme la journée tire à sa fin, il invite tout le monde à venir boire l'apéritif au cercle mixte. Ce qui prouve qu'escouades de mouches et savoir-vivre ne sont pas incompatibles.

Si la surveillance des biens privés est l'une des préoccupations constantes de la gendarmerie, celle des biens de l'État et de certaines grandes entreprises nationalisées ne l'est pas moins. Ainsi des centrales nucléaires, sujet d'infinies controverses entre les tenants de cette forme de production d'électricité et leurs opposants, mais dans tous les cas cibles potentielles majeures d'actes de sabotage ou de terrorisme. Garder ce danger à l'esprit ne relève en rien de la paranoïa. C'est donc ainsi que, au début des années 80, fut signée entre les directions d'EDF et de la gendarmerie une convention nationale selon laquelle la gendarmerie s'engageait à fournir vingt hommes par site nucléaire, tandis qu'EDF s'obligeait de son côté à prendre en charge le montant des soldes. Quatre cents gendarmes, répartis sur les vingt sites des centrales nucléaires de l'Hexagone, sont donc aujourd'hui indirectement rémunérés par EDF. En contrepartie, la gendarmerie est tenue de fournir, vingt-quatre heures sur vingt-quatre, des éléments de patrouille propres à assurer la sécurité extérieure de ces sites. La sécurité intérieure, quant à elle, est l'affaire d'EDF.

Sur un terrain de 225 hectares comportant un périmètre clos de 75 hectares, la construction de la centrale nucléaire de Dampierre, à Ouzouer-sur-Loire, près de Gien, commença en 1980 ; elle compte désormais quatre réacteurs de 900 MW chacun et emploie en moyenne mille quatre cents agents d'EDF à plein temps, plus trois cents personnes d'entreprises prestataires ; en moyenne, car, à chacun des arrêts techniques – tout réacteur nécessite d'être rechargé une fois par an –, huit cents employés supplémentaires d'EDF viennent, durant cinq à six semaines, s'ajouter à ce nombre déjà conséquent. Des effectifs qui font de la centrale de Dampierre la deuxième entreprise du Loiret.

Arrivé à Gien en 1984 comme gendarme, l'adjudant-chef Christian Chery a pas mal roulé sa bosse : après quelques années dans la Royale, il a fini, comme ses père et grand-père, par entrer dans la gendarmerie. Un an en Polynésie, trois en Martinique, trois autres en Côte-d'Ivoire et un séjour en Guyane lui ont permis de se forger une solide expérience. Et c'est lui qui, maintenant, commande la brigade territoriale de Gien, ainsi que le Peloton de surveillance et d'intervention qui lui est rattaché, dont la tâche quasi exclusive est de veiller à la sécurité de la centrale de Dampierre. Afin de parer à toute éventualité, les brigades territoriales des cantons environnants ont d'autre part été renforcées.

Il ne se passe pas de jour sans que l'adjudant-chef n'aille lui-même vérifier sur place la bonne application de ses consignes, en effectuant un tour complet du site, via des chemins fermés à la circulation des véhicules particuliers. Il a beau savoir ses hommes consciencieux, veiller sur 225 hectares n'est pas tâche aisée. D'autant que, malgré les panneaux d'interdiction formelle de pêcher qui longent les berges de la Loire à intervalles réguliers, il se trouve toujours des pêcheurs impénitents pour passer outre. Il s'agit alors pour les gendarmes de leur faire quitter ces lieux en douceur. Certains renâclent et s'exécutent, mais d'autres font la sourde oreille et vont s'installer en catimini un peu plus loin ; ces fondus de la gaule vont parfois même jusqu'à taquiner le débris de bois dans les eaux du canal de rejet des eaux de la centrale, où pas un poisson ne s'aventure. C'est là pousser leur bouchon un peu loin et cette témérité ne les avance à rien : il ne faut guère plus de cinq minutes avant qu'ils soient repérés et priés, fermement cette fois, de vider les lieux.

Pas l'ombre d'un récalcitrant, aujourd'hui ; l'adjudant-chef en profite pour aller jeter un coup d'œil sur le logement, prêté et aménagé par la direction de la centrale, où ses hommes se détendent, se restaurent et dorment entre deux tours de patrouille. Il aimerait savoir si le chauffage d'appoint demandé à cette même direction pour ses gendarmes, en prévision d'un hiver encore lointain, leur a bien été installé. Pas tatillon, Christian Chery, mais attentif au bien-être de ses troupes. Il est là, le chauffage, et bien là ; alors que la température extérieure est celle d'un automne clément, un gendarme somnole sur son lit, toutes fenêtres closes et le radiateur convoité mis au maximum de sa puissance. Un vrai sauna.

Rassuré sur le sort réservé à ses desiderata, mais pas tellement sur celui du gendarme frileux, il se rend à l'intérieur des bâtiments de la centrale pour s'y entretenir, comme chaque jour, avec Michel Choffat, responsable pour EDF de la sécurité de cette centrale, et qui joue le rôle d'interface entre EDF et la gendarmerie. Massif et placide, Michel Choffat a toutes les apparences du bon vivant, mais aussi celles d'un homme d'expérience qu'une carrière sans heurts a mené à ce poste stratégique. EDF, en effet, dispose de son propre service de protection interne et le personnel de ce service ne sort pas de la centrale ; mais veiller à la sécurité de mille sept cents personnes et plus n'est pas une mince affaire.

– Tant le rôle des gendarmes que celui de mon service, explique Michel Choffat, est d'éviter que des personnes ne pénètrent, par des moyens illégaux, comme la ruse ou la force, à l'intérieur du site. Pour contrer ce danger, nous disposons, entre autres, d'un réseau particulier de communications. Nous procédons aussi à de fréquents exercices conjoints sur des thèmes donnés. On simule, par exemple, une intrusion, justement. C'était le cas lors de l'exercice d'hier, où trois faux intrus devaient pénétrer sur le site. Les alarmes spécifiques les ont aussitôt signalés, avant que l'alerte ne soit elle-même donnée, par ce réseau spécial de communications, à la patrouille de gendarmerie présente sur le site à ce moment-là. Cette protection contre les intrusions, c'est là, pour l'adjudant-chef Chery et moi-même, notre principale mission commune.

« Nos autres objectifs sont d'assurer, à titre préventif, la surveillance de tout ce qui circule aux alentours du site, de déceler les voitures suspectes, les promeneurs un peu trop curieux ou qui « s'égarent » trop près de certains endroits, enfin, bref, tout ce qui cloche dans le paysage, si je puis dire. Pour éviter qu'il n'y ait de faux gendarmes – il n'est pas difficile de louer des uniformes – qui s'introduisent sur le site, nous multiplions par ailleurs les prises de contact entre nos agents de sécurité et les gendarmes, afin que tous se connaissent physiquement. Cette collaboration quotidienne est indispensable. Veiller à la fois sur les postes de répartition, de transformation et de distribution, tous à l'extérieur de l'enceinte de la centrale elle-même, reste du ressort de la seule gendarmerie, avec le concours d'un agent EDF hors site. C'est aussi à la gendarmerie de surveiller tous les pylônes des lignes de 400 000 volts. Et ça, dispersés comme ils le sont, croyez-moi, c'est un sacré boulot ! Je touche du bois, mais il n'y a jamais eu, jusqu'à ce jour, d'intrusion à but malveillant sur le site de Dampierre. Enfin, durant les périodes d'arrêt de l'un ou l'autre des réacteurs, alors que huit cents personnes supplémentaires sont présentes sur le site, c'est encore à la gendarmerie de veiller à ce qu'il n'y ait pas d'incident ; comme il n'y a pas suffisamment de places de parking pour tout le monde dans l'enceinte de la centrale et que beaucoup de voitures sont garées à l'extérieur, il lui faut sans arrêt faire des rondes pour éviter que ne se commettent des vols à la roulotte. Pas simple. Alors, vous voyez, je n'ai qu'à me féliciter de mes excellentes relations avec l'ensemble des gendarmes qui travaillent ici. Ce sont là des relations capitales, pour nous. »

Michel Choffat regarde sa montre et demande :

– Et si nous allions poursuivre cette conversation à table ?

À voir la façon dont les patrons du restaurant l'accueillent, il semble être au mieux avec eux. Le fait est que pour cet établissement d'Ouzouer-sur-Loire, la présence proche des mille sept cents employés de la centrale, dont un bon nombre de cadres, est un apport de clientèle inespéré ; sans parler de tous les visiteurs de marque et des délégations étrangères qui passent tout au long de l'année par Dampierre.

– L'installation de la centrale a fait d'autres heureux, souligne le directeur de la sécurité. Ce sont tous les maraîchers venus s'installer à proximité immédiate de la centrale. Nous leur fournissons de l'eau chaude en permanence et à des tarifs particulièrement avantageux, ce qui leur évite d'onéreuses installations. Entre eux et nous, les relations sont au beau fixe.

Avant de rejoindre Gien, Christian Chery décide d'effectuer un nouveau périple autour de la centrale. Dans un virage, discutant au beau milieu du chemin, un berger, son mouton en contrebas de la chaussée, est en grande conversation avec deux personnages barbus d'une cinquantaine d'années, portant lunettes cerclées et chemises à carreaux de bûcheron. Une vraie caricature d'écologistes, dont on croirait presque entendre sortir de la bouche un « Gardarem lou Larzac ! » plus éraillé que convaincu. Or, si ce berger a sa place dans le paysage – les responsables de la centrale l'ont installé gratuitement sur ces lieux pour que ses bêtes broutent les buissons d'épineux alentour, contribuant ainsi à dégager les abords du site –, les babas cool décatis, missionnaires essoufflés d'une « vertitude » pur sucre, n'ont, eux, rien à y faire. Deux cents mètres plus loin, l'adjudant-chef demande donc à deux de ses hommes en patrouille d'aller relever l'identité de ces folkloriques personnages. Par acquit de conscience.

Juste avant de quitter le site, l'adjudant-chef s'arrête une dernière fois, descend de son véhicule et, le regard dirigé vers la centrale et les fumées blanches diffuses qu'elle rejette dans le ciel, laisse tomber :

– Ils ont beau nous dire qu'il n'y a aucun risque, les gens d'EDF, ce n'est quand même pas bien rassurant, tout ça…

Dans la salle à manger du mess des officiers, à la caserne Richemont, le chef d'escadron Christian Vila, officier des relations publiques et chef de cabinet du général Maurice Lallement, commandant la circonscription de gendarmerie d'Orléans, évoque, avec une faconde très ariégeoise, l'un de ses séjours en Guyane. Il avait alors pour mission de superviser, à Saint-Laurent, la distribution de nourriture aux réfugiés surinamiens venus de l'autre rive du Maroni.

– Ce qu'ils aiment, les Surinamiens, dit-il, c'est les queues de cochon. Mais ils étaient tellement nombreux qu'il nous fallait une flopée de bidons de 200 litres pour contenter tout le monde ! Et en avant, que je te plonge la louche dans les queues de cochon… Là, alors, il n'était plus question de les retenir. Ils se ruaient dessus.

Puis, sans raison apparente, il se tait soudain. Inquiets d'un tel mutisme, ses camarades lui en demandent la raison. Mais Christian Vila s'obstine dans son silence. Jusqu'à ce que, pressé de toutes parts, il finisse par avouer ce qui le tracasse au point qu'il en ait perdu la parole : tout simplement le fait que le général Lallement lui ait demandé, en vue de l'édition d'une plaquette sur la circonscription d'Orléans, de chercher une citation de Charles Péguy susceptible de figurer au bas de la couverture. Et le chef d'escadron de s'exclamer soudain :

– Vous vous rendez compte ! Des queues de cochon à Péguy ! Ô servitude et grandeur…

La table apprécie, comme il se doit. Le plus sage, toutefois, s'il ne veut pas perdre trop de temps, ne serait-il pas d'en parler au général Lallement lui-même ? Ne dit-on pas de lui, d'ailleurs, que c'est un homme à la fois accessible et ouvert aux problèmes de ses subordonnés ?

Derrière l'épaisse porte matelassée de son bureau, Maurice Lallement est en effet un personnage accessible. Vif et spontané, il a l'art de se mettre d'emblée à la portée de son interlocuteur, qu'il invite à s'asseoir non pas sur le fauteuil situé en face de son bureau, mais à une grande table de conférence, où la hauteur identique des sièges l'empêche de dominer malgré lui son vis-à-vis. D'emblée aussi, tout, dans ses propos, trahit une passion sans retenue de son métier. C'est là, sans doute, l'une des raisons essentielles qui ont fait de lui, à 52 ans, l'un de ces trente-deux généraux seulement que compte la gendarmerie. À l'entendre, pourtant, ce parcours irait presque de soi.

– Les motivations qui m'ont conduit à faire Saint-Cyr, commence-t-il, ce sont d'abord celles d'un jeune Lorrain qui a toujours eu des maîtres d'école très patriotes ; ils nous apprenaient que l'Alsace et une partie de la Lorraine avaient été cédées à l'Allemagne lors de l'armistice de 1871, et qu'il avait fallu attendre 1919 pour recouvrer ces territoires. J'ai toujours vécu avec ces idées, très lorraines, des armées qui allaient se battre aux frontières de l'empire colonial ; si bien que, naturellement, j'ai tout jeune été attiré par tout ce qui était militaire, par l'histoire de France, la défense du sol… Et puis aussi, l'école nous amenait en voyage de certificat d'études au camp du Struthof, ou bien visiter la maison natale de Lyautey, à Thorey-Lyautey… À force, c'est une idée qui a mûri et, sans vraiment m'en rendre compte, je me suis retrouvé en classe préparatoire à Saint-Cyr. Je dois préciser quand même que je ne suis pas issu d'un milieu militaire. Mon père était un simple fonctionnaire, un facteur qui a franchi tous les échelons de la poste, si l'on peut dire, puisque, tout jeune, je lui faisais faire des dictées et des rédactions pour passer ses concours. Comme j'étais l'aîné, il me prenait à part pour me dire :

« Maintenant, tu vas me faire faire une dictée, puis de l'histoire et géographie aussi. » Alors, je lui faisais réciter les départements et les lignes de chemin de fer ; pour les concours de la poste, on apprenait encore les préfectures et les sous-préfectures, à l'époque. Et moi, d'ailleurs, je les apprenais en même temps que lui. Voilà comment cette vocation a mûri. Mais je devais certainement avoir quelque chose, parce que, je m'en souviens, le jour où Diên Biên Phu est tombé, le 7 mai 1954, j'ai pleuré comme une Madeleine… On tapait sur le poste de radio, un de ces postes aux lampes capricieuses, et on écoutait Geneviève de Galard, Bigeard et les autres. Mais c'est vrai que je devais avoir quelque chose pour aller dans l'armée plutôt qu'ailleurs. Sans doute est-ce l'histoire de France, 14-18, 39-45, tout cela, c'était ancré… J'avais toujours eu le premier prix d'histoire, d'ailleurs, c'était *ma* matière. J'ai donc passé le concours de Saint-Cyr, option histoire et géographie, alors que je sortais d'une classe de math-élem. Voilà pour Saint-Cyr.

« À ma sortie, j'ai rejoint l'École d'application de l'infanterie, à Saint-Maixent, comme officier élève, après quoi j'ai été affecté au 7e Bataillon de chasseurs alpins à Bourg-Saint-Maurice. J'avais découvert la montagne pendant les vacances, au cours de l'un de ces séjours que nous offrait Saint-Cyr pour aller dans les bataillons de chasseurs alpins, pendant les permissions. En réalité, j'ai aussi choisi le 7e Bataillon pour une raison supplémentaire : comme, à Saint-Cyr et à Saint-Maixent, j'appartenais à l'équipe de cross et le 7e Bataillon avait alors quasiment la meilleure équipe de cross de l'armée, cela les intéressait de m'avoir avec eux. Ensuite, comme je courais vite et longtemps, on m'a dit : “Eh bien, maintenant, vous allez prendre la patrouille de ski nordique.” J'ai donc fait partie de la patrouille de ski nordique du 7e Bataillon, ainsi que de l'équipe de cross avec laquelle nous avons décroché la première place au championnat de France militaire de cross par équipes, en 1969. Ensuite, compte tenu de ce que mes supérieurs avaient observé, ils m'ont conseillé de faire l'École militaire de haute montagne, pour être membre de l'équipe de France militaire de ski de fond et de biathlon. Puis, en septembre 1972, j'ai été admis sur concours à l'École des officiers de la gendarmerie nationale à Melun.

« Si j'ai ainsi changé de cap, c'est d'abord parce que les gendarmes sont venus me trouver, en la personne du commandant de la compagnie d'Albertville de l'époque, tout comme les gendarmes de montagne, d'ailleurs, qui m'avaient dit : “Venez donc chez nous, vous verrez, vous y trouverez matière à poursuivre votre activité en montagne.” Tandis qu'au 7e Bataillon, en 1972, il était question de m'envoyer d'abord au stage des capitaines d'infanterie, et après de me muter dans un régiment de chasseurs mécanisé, en Allemagne. Une perspective qui ne m'emballait pas beaucoup. Je préférais poursuivre en montagne, parce que j'estimais y avoir encore quelques belles années devant moi. Alors, je suis entré en gendarmerie, tout à la fois pour le métier, c'est-à-dire pour commander – on me promettait d'y commander longtemps, ce qui s'est vérifié – et pour durer en montagne – on me promettait de revenir en montagne, ce qui s'est également vérifié. Je n'ai pas été déçu : j'ai commandé longtemps en montagne. Jeune capitaine, c'est ça qui m'intéressait.

« Je suis donc resté quatre ans à la tête de l'escadron de gendarmerie mobile de Chambéry, puis, de juillet 1977 à août 1982, cinq autres comme commandant de la compagnie de gendarmerie départementale d'Albertville. Et là, parenthèse de deux ans à l'École militaire, à Paris, afin d'y suivre les cours de la première promotion du Brevet d'études militaires supérieures de la gendarmerie. Je considérais comme nécessaire le fait d'y aller, compte tenu de mon âge, d'une part, et, de l'autre, pour qu'on ne me reproche pas de ne pas y être allé. Pour être franc, je ne courais pas après un poste d'état-major de légion de gendarmerie ; ce n'est pas un poste toujours très passionnant. Tandis que le Brevet me paraissait être la meilleure garantie d'obtenir ce fameux poste intéressant.

« Une fois passé ce Brevet, je me suis en effet retrouvé à la Direction générale de la gendarmerie, comme adjoint, puis comme chef du bureau du personnel des sous-officiers. C'était assez enthousiasmant. J'y ai découvert d'une part le fonctionnement de la Direction générale, ce qui est indispensable pour quiconque doit normalement avoir par la suite des responsabilités assez élevées, d'autre part le personnel, ce qui m'intéressait à titre tout à fait... personnel. Il me semblait fondamental, dans notre institution, de savoir comment était géré le personnel, et comment faire en sorte qu'il soit meilleur qu'il ne l'était par rapport à ses aspirations initiales. Voilà ce que j'ai tenté de faire, et que j'ai fait pendant trois ans. Là-dessus, Albertville a été désignée pour organiser les Jeux Olympiques d'hiver de 1992 et c'est cet événement qui a précipité mon retour en Savoie. Le major général de l'époque m'a dit : "Comme vous allez être l'un des responsables de la sécurité des Jeux, il va vous falloir repartir. Nous vous confions donc d'abord le commandement du Groupement de gendarmerie départementale de la Savoie, à Chambéry, et après on verra." Et c'est comme ça que je me suis retrouvé en Savoie, en 1987. Et là, j'ai commencé à voyager, à faire le tour de toutes les grandes manifestations sportives de l'époque, comme les Jeux de Calgary, en 1988, et les championnats du monde de cyclisme en Belgique, toujours en 1988. Je suis aussi allé voir une bonne partie de tous les grands stades d'Europe. Partout, j'observais. En 1989, j'ai été chargé de la sécurité des championnats du monde de cyclisme à Chambéry ; tout cela, c'était dans le cadre de la montée en puissance des Jeux Olympiques ; ça nous permettait de nous roder. C'était dans l'optique de la gestion des foules et des grands événements.

« J'ai donc commandé la Savoie jusqu'à l'automne 1989, date à laquelle j'ai rejoint la Délégation interministérielle à la sécurité des Jeux Olympiques d'Albertville, comme chef de la cellule gendarmerie. Il s'agissait d'une structure d'une vingtaine de personnes, policiers, gendarmes, pompiers et militaires de l'armée de terre. Elle a permis de créer, sur cette sécurité des Jeux, une véritable synergie. Après coup, tout le monde a eu l'impression que cela avait été facile. Mais ce n'était pas facile du tout. C'est parce que nous avons travaillé pendant trois ans sur tous les dossiers des Jeux, dans le domaine de la circulation comme dans celui de la lutte antiterroriste ou de la circulation aérienne. Il y a eu une préparation énorme, et par des personnels qui parlaient le même langage, avec de nombreuses réunions entre la Délégation à la sécurité, c'est-à-dire l'État, et le Comité d'organisation des Jeux. Nous avons eu des réunions hebdomadaires tout au long de la période qui a précédé les Jeux, soit pendant trois ans. La Délégation et le Comité ont parfaitement collaboré pour monter des dossiers. Si bien qu'à l'arrivée, nous avions pu satisfaire à 99 % le cahier des charges que nous nous étions initialement imposé. Tout cela parce que nous nous étions énormément préparés. Le jour où le GIGN « fait » Marignane [1], il réussit Marignane parce qu'auparavant, il y a eu un entraînement phénoménal pour ce genre d'événement. Ça ne s'improvise pas. Le GIGN réussit parce que chacun de ses hommes tire chaque jour plus d'une centaine de cartouches, qu'il fait quotidiennement des tirs de confiance, bref parce qu'il s'entraîne en permanence et que lorsque survient un tel événement, alors je dirais que c'est presque plus facile dans la réalité qu'à l'entraînement. C'est comme en montagne : quand vous partez en secours, vous savez que vous avez confiance parce que vous avez l'entraînement. Et si vous ne l'avez pas, vous ne pouvez pas empêcher le moindre grain de sable d'enrayer la machine, vous ne pouvez pas réagir pour surmonter une difficulté imprévisible.

« Sur ces JO d'Albertville, nous avions fait des répétitions avec le GIGN. Nous avions créé avec lui des systèmes d'expertises extrêmement recherchés. Tout avait été prévu, tout ! On avait des dossiers d'objectifs sur chaque site, avec des personnels de l'EPIGN qui connaissaient ces

1. Allusion à l'Airbus détourné par des terroristes algériens en décembre 1994. Il se posa en dernier lieu sur l'aéroport de Marignane, où le GIGN donna l'assaut. Affaire évoquée dans le chapitre consacré au GSIGN.

sites par cœur, prêts à accueillir n'importe quand leurs camarades du GIGN… Ils savaient où se trouvaient toutes les gaines, comment s'ouvraient toutes les portes, ils connaissaient le schéma de tous les bâtiments, comment il fallait les investir en cas de nécessité… Si bien qu'ils étaient non seulement prêts à accueillir leurs camarades du GIGN, mais en plus à les guider partout. Ils vivaient immergés dans ces sites, au contact permanent de tous ceux qui y travaillaient. Nous avions fait, tels qu'ils étaient prévus, des exercices de simulation bien avant les Jeux, si bien que nous, nous étions prêts à encaisser n'importe quel choc. Tout avait été passé en revue ; lorsque nous avons sécurisé le village olympique, par exemple, nous l'avons fait de fond en comble ; le GIGN vivait d'ailleurs à l'intérieur de ce village, complètement immergé lui aussi. Sur les autres sites, nous faisions un contrôle chaque matin, avec les chiens, avec toutes les techniques possibles et imaginables pour mettre en sécurité les sites en question. Si quelqu'un nous avait dit : “Il y a une alerte à la bombe”, nous aurions alors été en mesure de l'évaluer et de décider s'il fallait ou non évacuer le site. Compte tenu de la mise en sécurité préalable de celui-ci, nous ne l'aurions pas systématiquement évacué. Le point capital, c'était d'être certains d'avoir tout pastillé. Alors on pastillait toutes les portes plus ou moins suspectes – c'est-à-dire que nous posions des petites pastilles de repère qui permettent immédiatement de savoir, en fonction de leur position, si la porte a été manipulée par un intrus –, et même sur celles qui ne servaient pas à grand-chose. Toutes sortes de techniques qui font que nous pouvions dire : “On évacue”, ou “on n'évacue pas.” Tout repose sur la confiance du système mis en œuvre et donc sur la fiabilité des hommes. Nous n'avons pas eu un seul problème. C'est pour ça que ces JO d'Albertville, nous les avons bien vécus, en fin de compte. Parce qu'il y avait eu un extraordinaire travail préparatoire. Une pareille expérience, pour un patron, permet de se sentir beaucoup plus fort ; lorsqu'on l'a vu et qu'on l'a réalisé, ça permet de dire : ici on sait, là on ne sait pas. Il faut le vivre.

« Après ces JO d'Albertville, j'ai été chargé d'élaborer la conception générale de la sécurité des Jeux Méditerranéens du Languedoc-Roussillon. Et ensuite, je me suis de nouveau retrouvé à l'École militaire ; pendant un an, j'y ai suivi comme auditeur la session du Centre des hautes études militaires, le CHEM, et celle de l'Institut des hautes études de défense nationale, l'IDHEN. J'ai dirigé, à cette occasion, une étude sur la création éventuelle d'un conseil national de sécurité en France, un peu semblable à celui qui existe aux États-Unis. En fait, ce cycle de sessions permet d'accéder au 3e degré d'enseignement militaire supérieur, indispensable pour qui veut prétendre à de futures hautes responsabilités. Puis, en juillet 1993, j'ai été nommé chargé de mission auprès du sous-directeur des personnels de la Direction générale de la gendarmerie. Il s'agissait en réalité d'une sorte de poste intérimaire où je ne suis resté que six mois. Mais j'ai tout de même eu deux missions intéressantes à effectuer. Il m'a tout d'abord fallu élaborer un schéma directeur des ressources humaines, schéma qui, à la suite de mon départ, n'a plus été soutenu ; même si, à mon avis, il faudra à terme s'y conformer. Après quoi j'ai été envoyé en Colombie comme responsable d'une étude commandée par Charles Pasqua dans le cadre d'un accord de défense entre la France et la Colombie. Il s'agissait de la sécurité des installations pétrolières colombiennes. Là-dessus, j'ai été affecté comme adjoint à l'inspecteur de la Défense opérationnelle du territoire (DOT). Et l'un des travaux principaux de l'inspection de la DOT, c'est d'aller sur le terrain, pour vérifier la protection des points militaires sensibles. Ce que j'ai fait : inspecter l'arsenal de Cherbourg, par exemple, pour un gendarme ce n'est pas mal ; j'ai aussi inspecté un certain nombre de bases aériennes... Ils étaient assez surpris de voir arriver un colonel de gendarmerie sur leur territoire... Il n'empêche que j'étais très bien accueilli. Mais comme ce poste m'ennuyait un peu – je n'avais pas envie d'y durer – et que la Corse était libre, alors j'ai été volontaire pour la Corse.

« Je tiens à le préciser : je n'ai pas été envoyé en Corse, j'ai été volontaire pour être affecté en Corse. J'y tiens beaucoup. C'est un genre de poste où l'on peut beaucoup progresser à titre personnel… Alors, je sais, on peut considérer qu'il y a des risques, mais quels risques ? Et si nous ne devions exercer notre métier que dans des endroits où il ne se passe rien, ce serait bien triste, non ? Ça, je peux vous dire que c'est ma façon de penser. La Corse restera mon plus beau commandement, non seulement parce que j'avais une véritable équipe d'officiers derrière moi, mais aussi parce qu'il se passait des événements qui nécessitaient un engagement total, plus intellectuel et moral que physique, d'ailleurs, surtout vis-à-vis des personnels. Il fallait leur dire en permanence où nous en étions, leur dire : "On monte la riposte à tel niveau, et pas plus haut", et c'était respecté. S'agissant d'un dossier très politique, il fallait parfaitement décoder la situation, tout en évaluant en permanence les risques pour le personnel. En fonction de la situation, nous nous trouvions donc soit dans un débat avec l'autorité administrative d'un côté, c'est-à-dire le préfet adjoint à la sécurité, qui jouait le rôle d'interface avec le pouvoir, et surtout avec les deux préfets de Haute-Corse et de Corse du Sud, soit, de l'autre, dans un débat avec l'autorité judiciaire de Corse, où il y avait la haute autorité du procureur général qui nous donnait donc la politique pénale à suivre par rapport à tout ce qui se passait sur l'île. Tout cela était fort délicat à décoder. Mais c'est dans ce sens-là que c'est passionnant. Parce qu'il faut savoir qui fait quoi, dans quelles conditions, et que, derrière, nous sommes comptables de la vie de nos hommes. C'est pourquoi je considère que ce que font les gendarmes en Corse est assez exceptionnel ; ils ont réussi, dans des conditions difficiles – ce sont quand même des brigades qui se font régulièrement attaquer ou mitrailler –, à maintenir l'ordre et la tranquillité publique sans quasiment de débordement. Je n'ai eu aucun mort à déplorer pendant que j'étais en Corse, pas plus chez les gendarmes que chez les nationalistes. J'y suis resté vingt et un mois. Puis, le 1er septembre 1996, j'ai été nommé général de brigade et je suis parti pour prendre le commandement de la circonscription de gendarmerie d'Orléans.

« Ici, évidemment, dans la circonscription d'Orléans, c'est très différent. On passe d'une région très turbulente à tout point de vue, y compris de tempérament, à une région où on ne parle pas de criminalité, mais de délinquance ; on n'a presque pas de meurtres ; en Corse, on en avait entre trente et quarante par an sur l'ensemble de l'île, pour une population de 250 000 habitants, alors qu'ici les meurtres sont souvent passionnels ou dus à des drames et des différends familiaux, mais il n'y a quasiment pas de crimes crapuleux. Notre délinquance, c'est d'abord une délinquance itinérante d'appropriations, de vols, de raids, qui créent l'insécurité, incontestablement, mais sur laquelle nous faisons des efforts permanents. Et je considère que les unités obtiennent de bons résultats et qu'il y a une bonne coordination entre elles sur un plan interdépartemental. Pour le reste, il s'agit d'une circonscription avec peu de grandes villes, donc rurale et provinciale ; c'est toujours le gendarme qui fait sa surveillance générale, ses tournées, qui connaît bien les gens, qui les rassure…

« Sur le plan de la circonscription, le rôle du général est d'abord celui qu'il tient vis-à-vis de ses officiers ; c'est vrai, je peux faire ou défaire une carrière d'officier ; c'est aussi déterminant que cela, parce que les avis et synthèses que j'émets sur un officier sont essentiels pour la Direction générale.

« L'autre tâche qui m'incombe, c'est d'aller dans les départements. J'y vais d'abord pour voir les différentes autorités, administratives, judiciaires et civiles, bien sûr, et pour leur “vendre” la gendarmerie. J'y vais pour valoriser le travail des gendarmes, pour recueillir l'avis de ces autorités sur un certain nombre de choses, mais aussi pour dire aux gendarmes sur place : “Ce que vous faites, c'est bien.” Le penser, c'est une chose, le dire c'est encore mieux. C'est même essentiel. Et puis aussi pour répondre à leurs questions, bien sûr. Enfin, pour voir si la doctrine d'emploi de l'institution est bien respectée, s'il n'y a pas de dérives, pour évaluer le travail des officiers sur le plan départemental… C'est ça, notre travail. Tout le reste représente une somme de détails qui font que la gendarmerie vit comme une institution qui évolue calmement et correctement. La gendarmerie sait s'adapter et évoluer sans révolution.

« Au fond, vous savez, c'est vrai, quand on dit de la gendarmerie qu'elle est une "force humaine", c'est une vraie réalité, si je puis me permettre ce pléonasme. On peut avoir des véhicules qui roulent un peu moins bien, ce n'est pas bien grave, personne ne s'en aperçoit, mais si nos hommes, eux, se comportent un peu moins bien, alors là, en revanche, ça se sait aussitôt. Sur ce point, il suffit d'ailleurs de voir ce qui s'est passé au printemps dernier avec l'affaire du peloton d'autoroute de Rivesaltes [1]. C'est juste, là il ne s'agissait pas d'hommes se comportant un peu moins bien, mais comme des magouilleurs de bas étage. Pour autant, était-il justifié que la presse leur consacre plusieurs jours de suite la une de ses journaux ? Car, lorsque la Section de recherches du Bas-Rhin a démantelé, une semaine plus tard, un très important trafic d'armes qui portait sur tout le territoire, y compris la Corse, cette même presse ne l'a signalé qu'en quelques lignes. C'est là que nos gendarmes ont pu mesurer que leurs actes de courage, de dévouement et d'engagement au service de la collectivité avaient moins d'impact dans l'opinion que la faute de quelques-uns. Mais c'est ainsi, et il nous appartient à tous d'en tirer les enseignements utiles. En dépit de cette affaire, nous restons quand même chaque jour en mesure d'évaluer la force de notre institution en tant que "force humaine", justement, par rapport à d'autres institutions.

« En Corse, par exemple, je peux dire que j'avais l'impression d'avoir un bloc derrière moi. Et quand, sur place, j'ai eu des affaires passablement délicates à traiter, tout le monde est resté derrière moi ; toute la légion comme un

---

1. Peloton dont la plupart des membres se livraient à des trafics d'alcool avec l'Espagne et empochaient pour leur propre compte le montant des amendes perçues en numéraires auprès des automobilistes et des routiers. Jugés en mai 1998, ils ont été condamnés à de lourdes peines de prison.

seul homme. Et ça, sur une île comme la Corse, vous le ressentez très fort. Le phénomène insulaire accentue ce genre de sentiment. Les quatre premiers mois de mon séjour là-bas, je les ai d'ailleurs passés à visiter, en utilisant l'hélicoptère, chacune des cinquante-sept brigades territoriales de l'île. J'y tenais beaucoup ; simplement pour qu'ils voient le patron, que je puisse aller boire le café chez eux et parler de leurs soucis. Oh, c'était simple : j'arrivais, on se mettait autour d'une table et on discutait. Je partais d'Ajaccio le matin à sept heures et demie, je passais une heure et demie à deux heures dans chaque gendarmerie, en fonction des lieux, et je rentrais le soir, en limite de nuit. Mais après, les hommes se souvenaient… Et moi aussi. »

De nouveau affecté, depuis le 1er mai 1988 [1], à la Direction générale de la gendarmerie nationale, le général Lallement y dirige désormais le service des opérations et de l'emploi. Autrement dit, un double poste clé. D'une part sur le plan de l'emploi, où, tant en ce qui concerne la phase actuelle de restructuration interne de la gendarmerie que la nouvelle répartition des tâches entre la police et la gendarmerie, telle que souhaitée par le gouvernement actuel, il lui faudra se montrer à la fois ouvert, vigilant, tenace et fin diplomate ; de l'autre, sur le plan des opérations, où il lui reviendra dorénavant de décider de toutes les opérations spéciales de la gendarmerie, telles que l'intervention du GIGN ou l'envoi d'escadrons supplémentaires de gendarmes mobiles en Guyane, par exemple, ce qui implique de sa part une évaluation immédiate de l'ampleur supposée du problème à résoudre et un esprit de décision aussi prompt que clair. Toutes choses qui, au regard de sa carrière et de son tempérament, ne devraient pas lui poser de problèmes majeurs.

Il n'empêche que lors de la réception donnée au cercle mixte flambant neuf de la caserne Richemont à l'occasion de son départ, il flottait comme un air de nostalgie sur le

1. C'est le général Frédéric Chouvion qui lui a succédé depuis cette date à la tête de la circonscription.

visage des officiers et sous-officiers présents. Une dernière fois, le général Lallement venait de s'adresser à eux :

« À une époque où l'on évoque les 35 heures, les loisirs et l'aménagement du temps de travail, le gendarme parle toujours de 45 à 50 heures, de suppression des repos, de report des permissions et d'enquêtes à résoudre. C'est en cela que son action justifie la considération que la population lui porte et qui le paie en définitive de ses longues heures passées au service de ses concitoyens. Prenons garde, cependant, de ne pas désespérer les bonnes volontés et de ne pas affaiblir cette vertu qu'est l'altruisme. Pour ma part, je m'y emploierai de toutes mes forces dans mes futures responsabilités. Quant à vous, n'ayez qu'une seule religion : celle de l'intérêt général et du service public. »

3

La traque

La Section de recherches de Paris

Sur le boulevard Chanzy, à Boulogne-sur-Mer, la *Maison du Marin* bruit d'une animation rare en cette saison ; ses hôtes de passage s'y comptent alors généralement sur les doigts de la main. Dans la salle à manger de son restaurant, une douzaine de clients réussissent pourtant, ce soir-là, à lui redonner une chaleur bien peu en rapport avec les conditions météorologiques qui prévalent à l'extérieur, où froid et rafales de vent ont vidé les rues avant l'heure. En face, sur l'autre rive de la Liane, au bas de la rue Faidherbe, la brasserie Hamiot, naguère le plus célèbre des repères nocturnes de tous les nombreux matelots assoiffés de la région – et de l'étranger –, a déjà fermé ses portes. Boulogne-sur-Mer est d'une tristesse sépulcrale, en cette soirée de novembre. Mais ces clients de la *Maison du Marin* n'en ont cure ; ils ne sont ici ni pour faire du tourisme, ni pour courir les bars. Leur repas terminé, ils partent benoîtement faire leur petite promenade digestive, franchissent le pont, s'arrêtent un instant devant la statue de Frédéric Sauvage, une gloire locale qui inventa, au siècle dernier, l'hélice servant à la propulsion des navires, puis empruntent sur leur gauche le quai Gambetta, le long du bassin du port commercial. Malgré la puanteur, considérable à marée basse, ils poursuivent leur chemin, passent devant les bâtiments du complexe Nausicaa, le musée de la mer, et se dirigent vers la statue équestre de San Martin, le général argentin qui libéra successivement son pays, le Chili et le Pérou de la domination espagnole, avant de finir ses jours à Boulogne. D'une statue l'autre, ce périple ressemble à une sorte d'hommage de hasard rendu à des vestiges d'histoire dont plus personne n'a cure. Eux pas plus que les autres. Fait surprenant pour qui s'amuserait à les suivre et à les écouter, ces hommes semblent d'ailleurs n'avoir qu'un seul sujet de conversation, et pas des plus palpitants, par-dessus le marché : ils ne parlent que de vaches. À bien prêter l'oreille, cependant, on se rend compte rapidement qu'il ne s'agit pas de n'importe quels bovidés. Car ils parlent de vaches folles.

Agissant sur commission rogatoire du juge Édith Boizette, ces hommes de la Section de recherches de Paris ont en effet été dépêchés à Boulogne-sur-Mer dans le cadre d'une information judiciaire nationale, ouverte le 23 mai 1997, sur un trafic de viande bovine d'origine anglaise. Une viande qui continue à entrer sur notre territoire, en dépit de l'embargo [1] total imposé aux Britanniques par l'Union européenne depuis le mois de mars 1996.

À 7 heures 30, le lendemain matin, les hommes de la SR sont cette fois en uniforme et prêts à intervenir. Deux breaks Laguna, deux Clio et un Trafic prennent alors la direction du quartier de Boulogne-sur-Mer où sont concentrés entrepôts et entreprises de distribution de viande et de poisson. Arrêt devant le siège social de l'une d'entre elles, une affaire familiale prospère. Intriguée par l'absence de tout tampon d'origine sur les vingt tonnes de foie de bœuf destinées à la fabrication d'aliments pour animaux qu'elle venait de recevoir d'un grossiste spécialisé, la direction de cette entreprise s'est aussitôt adressée aux services vétérinaires français pour lui faire part de ses doutes sur l'origine de cette marchandise ; elle pourrait en effet provenir de

1. Une levée partielle de cet embargo, sous certaines conditions très précises, est en cours de discussion au sein de la Commission européenne de Bruxelles. La mise en application d'une telle décision nécessiterait toutefois plusieurs mois avant de pouvoir être effective.

Grande-Bretagne. Et les services vétérinaires français ont, à leur tour, alerté la gendarmerie. D'une autre Clio arrivée sur place descendent d'ailleurs un inspecteur des douanes et une jeune femme des services vétérinaires.

En voyant ainsi débarquer dans son hall d'accueil, dès potron-minet, une quinzaine de personnes dont douze gendarmes, l'hôtesse, décontenancée par cette masse d'uniformes bleus, domine mal une fébrilité bien compréhensible ; la force publique, quelle que soit la courtoisie dont elle sait faire preuve, produit toujours cet effet sur les citoyens, en particulier sur les plus honnêtes. Prévenu, un membre de la direction ne tarde cependant pas à arriver ; les vingt tonnes de foie, évidemment, ne se trouvent pas au siège social, mais sont stockées à cinq cents mètres d'ici, dans des salles réfrigérées louées à cet effet. Deux maréchaux des logis-chefs vont néanmoins rester au siège, afin d'y examiner les documents comptables concernant cette cargaison ; ils devraient permettre, en principe, d'en établir la « traçabilité », c'est-à-dire sa provenance et son itinéraire. Un travail de spécialiste, dont les résultats sont souvent aléatoires, tant les trafiquants sont passés maîtres dans l'art de brouiller les pistes ; après les cartels de la drogue, voici ceux de la viande ; les bénéfices occultes qu'ils empochent se chiffrent, eux aussi, en milliards de francs, à la différence près que les peines encourues par leurs membres sont de très loin inférieures à celles risquées par ceux de la drogue.

Parvenus devant l'entrepôt, les gendarmes déchargent de leurs véhicules un autre genre d'uniformes : vestes, pantalons, bottes, casquettes et gants conçus pour affronter des froids polaires, soit l'équipement complet dévolu à leurs collègues des pelotons de haute montagne. Ce qui, de prime abord, pourrait prêter à sourire va vite se révéler la cible des regards envieux de ceux qui n'ont pas la chance d'en être pourvus. Ceux-là n'ont plus qu'à opérer de rapides incursions dans les chambres froides. Encore que cette locution de chambre froide soit en l'occurrence impropre. Derrière d'énormes portes coulissantes, qui se referment automatiquement au bout d'un bref laps de temps derrière ceux qui y pénètrent – mais heureusement équipées de systèmes de sécurité permettant de les rouvrir de l'intérieur –, les chambres en question sont en fait d'immenses salles où, stockées sur une dizaine de mètres de hauteur, s'entassent en bon ordre des milliers de tonnes de viande congelée. Un spectacle qui ressemble fort à un cauchemar ; tout individu qui entre là-dedans carnivore en ressort presque à coup sûr végétarien. Et l'entrepôt en compte six d'identiques : de quoi nourrir tous les habitants de Boulogne pendant quelques semaines. Température intérieure des salles : – 30° ; impossible d'y rester plus de six à sept minutes sans tenue adéquate.

Perdues au milieu de ces montagnes de viande, les vingt tonnes de foie ont quelque chose de dérisoire. Mais pas pour Marylène, des services vétérinaires, ni pour l'inspecteur des douanes, ni pour les hommes de la SR ; après concertation, ils décident d'en faire prélever six lots distincts d'une centaine de kilos chacun, choisis au hasard. Piloté par un employé d'une adresse époustouflante, un transpalette vient les enlever pour les déposer ensuite dans l'entrée de l'entrepôt, où la température, bien qu'encore fraîche, permet malgré tout de se croire revenu dans un monde à peu près normal. En retrait, l'un des gendarmes photographie dans son intégralité chacun des stades de l'opération, tandis qu'un autre prend toutes les notes indispensables à la rédaction du procès-verbal ; toujours ce souci de présenter au magistrat une procédure sans faille.

Marylène se frotte les mains, la mine réjouie : à elle d'officier, en examinant ces lots suspects. Le but est maintenant de prendre les foies de bœuf un par un et de chercher soit la marque d'un éventuel tampon sur l'un d'entre eux, soit – ce qui serait alors la preuve formelle d'une fraude délibérée – si la trace de ce tampon n'a pas été volontairement effacée en arrachant le morceau de viande sur lequel il était apposé. Mais ce n'est pas si simple : collés par le gel, les lots de foie forment des blocs tellement compacts qu'il est inutile, en l'état, de songer à partir à la recherche de la moindre trace de tampon. Seule solution, les fragmenter et laisser tremper les morceaux obtenus dans de l'eau, jusqu'à leur décongélation complète. Une séparation de corps brutale, réussie en plusieurs étapes : après avoir disposé les lots de foie contre un mur, un transpalette en marche vient les harponner de ses bras, les divisant ainsi en morceaux d'une vingtaine de kilos chacun. Après quoi il ne reste plus qu'à placer ces morceaux dans des bacs remplis d'eau. Et à attendre. Compte tenu de la température ambiante, leur décongélation risque de prendre plusieurs heures, sinon plusieurs jours.

– Le mieux serait peut-être de sortir les bacs une fois que le soleil sera complètement levé, suggère Marylène.

Une bonne idée, en effet. Mais, en attendant, quelques nez commencent à s'allonger. Des morceaux de foie qui marinent dans ces bacs monte une odeur de plus en plus douceâtre et insistante qui gagne peu à peu l'atmosphère, pour se transformer bientôt en effluves carrément méphitiques. Marylène ne semble pas y prêter la moindre attention, à l'inverse de certains autres qui sortent, sous des prétextes divers, à la recherche d'un peu d'air frais. À ce rythme-là, ce sera vite intenable. Et chacun de se demander *in petto* comment il est possible de mélanger pareille bidoche à la nourriture de nos chers animaux de compagnie.

Allons, pas de sensiblerie. De toute façon, il y a encore de la viande sur la planche ; ces foies litigieux ne constituent que le premier volet de la mission. Le second est d'ailleurs encore plus important, puisqu'il porte, lui, sur vingt autres tonnes de viande bovine découpée – pour une consommation humaine, donc –, récemment interceptées dans la région par les douanes sur un camion à destination de l'Allemagne ; d'une part, la lettre de voiture internationale présentée par le chauffeur n'était pas conforme, de l'autre les cartons de viande portaient tous une étiquette des services vétérinaires irlandais, indiquant : *Veterinary Control Stamp – IRELAND 540 EEC – Serial Number 540/-Fold here – Species : BOVINE ;* des étiquettes déjà mises en cause dans plusieurs affaires de trafic de viande bovine britannique. Informée, Édith Boizette en a donc requis la saisie et l'entreposage dans ces mêmes locaux.

Nouvelle incursion dans l'une des chambres froides ; cette fois, cependant, la tâche est facilitée par le conditionnement de la marchandise en palettes de quarante cartons de vingt-cinq kilos de viande chacun. Après avoir procédé à un choix aléatoire de cartons, prélevés sur différentes palettes, ceux-ci sont portés et déposés dans une pièce mise à la disposition des enquêteurs par les responsables de l'entrepôt, très coopératifs. L'une de leurs secrétaires vient même suggérer une pause café, à vrai dire bienvenue.

Commence alors le travail, fastidieux au possible, et de surcroît pénible pour ceux qui ne possèdent pas de gants, d'ouvrir chacun des cartons sur une table, d'en sortir les morceaux de bœuf, de les extraire de leur enveloppe en plastique et de les regarder, sous toutes les coutures, à la recherche d'un tampon révélateur de la véritable provenance, avant de remettre le tout en place dans ledit carton et de passer à un autre.

Marylène, soudain, pousse un cri de joie. Elle n'est pas tombée sur un tampon, mais sur un morceau dont, visiblement, la partie sur laquelle était apposé le fameux tampon a été soustraite. C'est bien la preuve qu'il s'agit là de viande de bœuf plus que suspecte. Une découverte qui redonne à tous du cœur au ventre. La récompense finale, d'ailleurs, ne va plus tarder. Et le jackpot tombe encore sur Marylène ! Cette fois, elle exulte : sur le morceau, qu'elle brandit comme un trophée, un superbe et bien lisible tampon porte les indications suivantes : *UK* [1] *– 9023 – EEC* [2]. La très perfide Albion nous expédie bel et bien, et sans la moindre vergogne, ses rogatons assassins. Le savoir est une chose, en avoir la preuve sous les yeux en est une autre. Marylène, alors, d'expliquer la manière de procéder des trafiquants d'outre-Manche : cette viande n'a pas été décou-

1. UK : United Kingdom.
2. EEC : Economic European Community.

pée par l'abattoir anglais lui-même – lui n'a fait qu'apposer son tampon d'identification, ici le *n° 9023*, sur une ou plusieurs parties des bêtes –, mais par le premier destinataire de la marchandise, vraisemblablement un grossiste ; et c'est lui qui a fait découper et conditionner la viande, avant de coller sur chacun des cartons une étiquette des services vétérinaires irlandais, dont l'authenticité, *a priori* sujette à caution, sera vérifiée auprès de l'ambassade d'Irlande à Paris.

Pendant tout ce temps-là, le gendarme photographe photographie, et le gendarme scribe écrit. Marylène, elle, poursuit en insistant sur l'importance de la « traçabilité » dans ce genre d'affaires. Si cette viande venait à être revendue à une maison française pour être transformée en saucisses, par exemple, il serait alors toujours possible de remonter à son origine par l'examen de la comptabilité de cette maison.

En fin de matinée, c'est une bonne dizaine de morceaux ainsi tamponnés qui ont été trouvés. Et c'est avec la satisfaction du devoir accompli que tous regagnent la *Maison du Marin* pour y déjeuner. Curieusement, certains s'abstiennent de commander du steak. Ce qui n'empêche pas la bonne humeur de se manifester, surtout lorsque Marylène se met à sonner ; non, ce n'est pas son téléphone portable, mais son tamagotchi qui réclame des soins. Et pourquoi la plus sérieuse des vétérinaires n'aurait-elle pas le droit d'avoir son petit côté primesautier ?

Le séjour à Boulogne sur-Mer va encore durer deux jours pleins. Entre-temps, carton après carton, vingt tonnes de viande de bœuf congelée seront ainsi passées entre les mains des gendarmes, de Marylène et de l'inspecteur des douanes. Un délai insuffisant, en revanche, pour que les morceaux de foie aient fini de décongeler ; sans autre possibilité de vérifier leur origine, force est donc de les incinérer, tout comme d'ailleurs les vingt tonnes de viande bovine en provenance de Grande-Bretagne. Mais l'étude de la « traçabilité » de la marchandise a fourni aux gendarmes de très précieux éléments.

Fin 1997, les résultats des deux enquêtes menées par la Section de recherches de Paris, l'une à Bully-les-Mines, toujours dans le Pas-de-Calais, où cent quarante tonnes de viande suspecte avaient, dès le mois de juillet précédent, été saisies dans un entrepôt frigorifique, et l'autre à Boulogne-sur-Mer, où c'est donc au total une quarantaine de tonnes qui ont connu le même sort, ces résultats ont déjà donné aux gendarmes et aux douanes une idée très précise de la façon dont est organisé le trafic.

À Bully-les-Mines, la SR a pu ainsi établir que les lots de viande prohibée provenaient de six abattoirs britanniques, dont l'un, comble de la duplicité, se trouverait même sur une base militaire. Chargée à bord de camions, la viande était ensuite acheminée par ferries à destination du continent ; dans certains cas, elle transitait auparavant par l'Irlande, pays non soumis à l'embargo, avant de gagner l'Europe. Et c'est en Belgique qu'aboutissaient, et continuent d'ailleurs d'aboutir, ces cargaisons. Tout, de fait, semble ici tourner autour de la Belgique, et plus particulièrement de la société Tragex-Gel, déjà mise en cause au début de l'année 1997 par le Service antifraude de la communauté européenne (UCLAF). C'est elle qui reconditionnait la viande achetée à bas prix et en frappait de faux tampons les lots ainsi obtenus, avant de les revendre à des sociétés d'import-export allemandes ou françaises. Quant aux destinations finales de cette viande interdite, la Tragex-Gel a toujours soutenu qu'il s'agissait uniquement de pays autres que ceux de la Communauté européenne, dont l'Égypte et la Russie.

Poursuivis par la justice belge, les dirigeants de la Tragex-Gel ne peuvent donc plus sévir aujourd'hui ; mais il y a fort à parier que d'autres ont pris la relève. Que des sociétés belges se trouvent toujours au centre de ce trafic et réexportent vers le Moyen-Orient ou la Russie de la viande britannique ou française est un fait notoire. *Quid* ? De la viande française ? Eh bien, oui, et pour une raison simple : la Russie se refusant à importer de la viande bovine provenant de pays touchés par l'encéphalopathie spongiforme bovine (ESB), certaines sociétés belges se sont spécialisées dans l'achat de viande de basse qualité à des grossistes français ; un détour par la Belgique, de faux documents et de faux tampons pour « naturaliser » cette viande comme étant belge, et la voici qui repart direction la Russie, où elle est revendue au prix fort. Suprême et cynique arnaque : en faisant du commerce hors Communauté européenne, ces sociétés belges empochent en plus les aides à l'exportation accordées par Bruxelles !

Il se pourrait cependant que ce petit jeu-là soit bientôt fini, du moins avec la Russie. La Belgique, en effet, a déclaré son premier cas officiel de vache folle le 30 octobre 1997 seulement (contre 31 pour la France à la même date) ; si la Russie refuse toujours d'importer de la viande venant de pays touchés par l'ESB, elle ne devrait donc plus en importer de Belgique. Mais ce n'est là qu'une péripétie. Les sommes en jeu sont tellement colossales que d'autres formes de trafics, tous plus juteux – et scandaleux – les uns que les autres, verront le jour sous peu.

Longtemps encore, la Section de recherches de Paris aura donc, en coordination avec les services douaniers et vétérinaires, à enquêter, rassembler les preuves, démontrer la mauvaise foi, rechercher des responsabilités, éplucher des documents comptables, perquisitionner, auditionner et, enfin, veiller à rester l'interlocuteur privilégié des magistrats chargés de l'instruction en leur fournissant des dossiers irréprochables. Mais qu'ils soient gendarmes, douaniers ou vétérinaires, aucun d'entre eux n'en a fini avec cet inlassable travail de Pénélope. Et le tamagotchi de Marylène, lui, n'a pas fini de sonner pour réclamer des soins.

Articulée autour de deux groupes principaux, ceux des investigations criminelles concernant les « atteintes aux biens » et les « atteintes aux personnes », plus deux cellules, l'une consacrée aux affaires financières, l'autre aux affaires du sang contaminé – dont plusieurs sont toujours en cours d'instruction – et de l'encéphalite spongiforme bovine (ESB), l'ensemble bénéficiant du concours d'un troisième groupe d'appui, la Section de recherches de Paris compte aujourd'hui quarante-six membres, dont cinq officiers.

Cet effectif, à première vue important, n'est cependant pas pléthorique, loin de là, compte tenu de l'étendue de son domaine de compétence judiciaire, qui couvre six départements (Seine, Seine-et-Marne, Essonne, Seine-Saint-Denis, Val-de-Marne, Yonne) et la nature des affaires « parisiennes », généralement complexes et nécessitant la délivrance d'un nombre sans cesse croissant de commissions rogatoires pour un même dossier. La Section a dû parallèlement faire face à la rapide multiplication d'affaires délicates requérant, pour être traitées, des enquêteurs spécialisés, en particulier dans le domaine financier.

C'est le lieutenant-colonel David Galtier [1], 41 ans à peine, qui commande cette Section de recherches de Paris. Il s'agit pour lui « d'une unité dont le caractère opérationnel est permanent et réclame donc de la part de ses enquêteurs une constante disponibilité, de même qu'une grande mobilité. Elle doit aussi représenter une alternative crédible aux autres services de police lorsqu'un magistrat souhaite saisir la gendarmerie pour mener à bien une enquête particulière ». Cette expression d'« enquête particulière » en dit long. Bien des enquêtes menées par la SR de Paris présentent en effet un aspect pour le moins original. Ainsi de celle-ci, qui s'annonçait pourtant des plus classiques. Début 1992, la SR s'intéresse alors à des ressortissants asiatiques des Olympiades, dans le XIIIe arrondissement de la capitale, soupçonnés de diriger un réseau de travailleurs clandestins. Deux de ces « travailleurs » sont filés durant plusieurs jours par les hommes de la SR, dans l'espoir qu'ils

---

1. Depuis le mois d'août 1998, le lieutenant-colonel David Galtier a pris le commandement du groupement de gendarmerie départementale des Alpes-Maritimes. C'est le lieutenant-colonel Michel Pattin qui a pris sa succession à la tête de la SR de Paris.

les mèneront jusqu'à leurs employeurs occultes. En vain. Mais les gendarmes ne désarment pas. Et, un beau matin, se retrouvent sur le trottoir de l'avenue Marceau, où leurs suspects prennent place dans une file impressionnante de clients qui attendent l'ouverture du magasin Vuitton. Les enquêteurs patientent et voient enfin ressortir leurs propres « clients » avec des valises plein les bras. Stupeur. Même jeu le lendemain et les jours suivants. Cette fois, les hommes de la SR prennent une série de photos de tous ces riches et persévérants chalands. Vérification faite, la plupart sont des ressortissants asiatiques du Chinatown parisien. Fichtre ! Et comment se procurent-ils donc l'argent nécessaire pour acheter tant de bagages à des prix aussi prohibitifs ? Quant aux autres, il s'agit de touristes ordinaires. La cellule financière de la Section de recherches est alors prévenue de ce manège et reprend l'enquête à son compte.

C'est bien connu, les magasins Louis Vuitton sont tout au long de l'année fréquentés par de nombreux Asiatiques, et surtout des Japonais. Tel est, auprès d'eux, le prestige de cette maison qu'il n'est pas rare de voir, dans les parages de ses vitrines, s'étirer une queue de touristes stoïques et jacassants. Toutefois, lorsque cet afflux de clients devient soudain permanent, on peut alors penser qu'il ne s'agit plus seulement d'affaire de prestige, mais aussi d'affaires louches. Or les vendeuses de chez Louis Vuitton sont surprises, sans doute, par tant d'amateurs assidus, mais elles mettent cette arrivée massive sur le compte d'un débarquement « touristique » plus important que d'ordinaire ; et servent sans broncher ceux que, de bonne foi, elles prennent pour des Japonais ; sans jamais prononcer un mot, ces touristes tendent une liste d'achats dont ils règlent le montant en sortant de leurs poches de grosses liasses de billets de 500 francs. Un mode de paiement pourtant inhabituel pour les Nippons, plus enclins à régler avec des chèques de voyage ou des cartes de crédit.

Entre-temps, la SR a poursuivi son enquête et constaté que le même rush se produisait chez Hermès. Et elle finit, après quatre mois de filatures et d'identifications, par découvrir le pot aux roses : ces centaines d'Asiatiques de nationalités diverses, tous issus du Chinatown parisien, ne sont en réalité que des fourmis agissant pour le compte de gros bonnets du milieu japonais. Elles s'activaient, industrieuses, à blanchir un argent issu de la drogue, du jeu et de la prostitution. Simultanément, des comptes bancaires sont bloqués au Liechtenstein, en Suisse, à Jersey et au Luxembourg. Au total, les enquêteurs estiment le montant des sommes blanchies à environ 400 millions de francs. Et, après avoir affiné les données recueillies sur leurs ordinateurs, les hommes de la Section de recherches de Paris s'envolent pour le Japon, afin d'y poursuivre leurs investigations. Après avoir perdu leur argent, les fameux « Yakusa » vont perdre la face.

Toutes les affaires traitées par la SR de Paris ne sont pas, tant s'en faut, aussi exotiques. Nombre d'entre elles fleurent à l'envi le sordide, quand d'autres, comme celles de pédophilie, dégagent des remugles à donner la nausée. Tel est pourtant le lot de ces hommes, appelés jour après jour à plonger leurs mains dans le cambouis de nos vies. Ce n'est pas l'adjudant-chef Guy Potart, calme et réfléchi, qui le démentirait. Avec 18 ans de SR derrière lui, il sait à quoi s'en tenir sur les turpitudes de son prochain. Ce qui ne l'empêche pas de faire l'article de sa « boutique », tout en déplorant les difficultés de recrutement qu'elle rencontre.

– Il y a un paradoxe difficile à expliquer, dit-il. En fait, nous n'avons que très peu de volontaires pour entrer dans la section. Et même ceux-là ne sont pas bien sûrs d'eux, quand ils arrivent. Mais une fois qu'ils y sont, alors là, plus question de les muter ; ils ne veulent rien savoir ! Le virus, ils l'attrapent tout de suite. Les gens, ici, sont des passionnés de police judiciaire. Pour eux, la police judiciaire – défendre le citoyen – est la partie noble de la gendarmerie. Au point qu'ils hésitent souvent à concourir pour un grade supérieur si cela doit les amener à quitter la section. Après, c'est fini : ils ne vivent plus que pour ça, avec ça, et comprennent mal, même, qu'on puisse faire autre chose. Les hommes rentrent chez eux avec leurs affaires en cours et ils en rêvent la nuit. Le reproche principal qu'on leur fait, d'ailleurs, c'est de délaisser leur famille au profit de leur métier. Sur les sept hommes que j'ai eus, à une époque, cinq ont d'ailleurs divorcé. La section, il faut dire, reste un monde bien à part, avec une hiérarchie souple, où le dialogue entre les chefs et les hommes est permanent. Bien sûr, elle nous pompe toute notre énergie, mais quelle importance ? Alors, évidemment, quand j'entends parler de 35 heures, ça me fait plutôt sourire, j'ai l'impression de vivre sur une autre planète. Si nous étions payés au prorata de nos heures de travail, nous serions millionnaires... Bah ! ce n'est pas grave, allez. Notre boulot, nous l'aimons quand même. Toutes ces affaires qui nous tombent dessus sans arrêt, dont nous nous demandons toujours par quel bout les prendre, en fin de compte, c'est ça, notre vie !

Le lieutenant Philippe Mathy affiche, lui, 19 ans de SR au compteur et tient des propos identiques ; c'est, avec l'adjudant-chef Potart, une bonne partie de la mémoire de l'unité. Il en a vu, lui aussi, de toutes les couleurs : affaires financières brûlantes, souvent confiées par le juge Éva Joly et impliquant parfois de hautes personnalités, affaires de sectes, affaires de mœurs, de grand banditisme... Et, bien entendu, des affaires de meurtres, crapuleuses à souhait. Ce qui n'empêche pas leur résolution de demander parfois autant d'efforts, sinon plus, de la part des enquêteurs qui en ont la charge. De ces affaires où la cupidité mène le bal, dans un tourbillon d'assassins minables, le lieutenant Mathy en a aussi plein ses cartons. Même *Détective* hésiterait à les publier, tant leurs « héros » sont consternants de nullité. Le lieutenant Mathy en a quelques-unes sous le coude, qu'il relate à sa manière, c'est-à-dire par procès-verbaux interposés ; ce qui en donne un compte rendu quelque peu « clinique ». De l'extérieur, le déploiement d'énergie, voire d'effectifs qu'elles requièrent pourrait, *a priori*, paraître excessif ; ce serait effectivement le cas si le crime se mesurait à l'aune des sommes qu'il rapporte à ses auteurs. Mais cette considération n'entre pas en ligne de compte dans l'esprit des gendarmes. Qu'il soit commis pour quelques francs ou quelques milliards, le crime est le même. Seul, s'il fallait à toute force en établir une hiérarchie, le crime contre l'humanité tiendrait une place à part. Et les crimes contre l'humanité, justement, il se trouve que, même si très peu de gens le savent, la Section de recherches de Paris s'en préoccupe aussi.

Le 2 mars 1988, le juge Grellier informe la Section de recherches de Paris qu'il souhaite lui confier une commission rogatoire aux fins de retrouver Paul Touvier, en vertu du mandat d'arrêt dont il fait l'objet pour présomption de crime contre l'humanité.

Chef de la milice du Rhône et de son 2e Service, Paul Touvier avait, en juin 1944, été directement impliqué dans l'assassinat de sept Juifs à Rillieux, une commune de la banlieue lyonnaise. Chargé de l'enquête, le commissaire Faury établissait, le 14 juillet suivant, que cette exécution collective constituait une mesure de représailles exercée contre des Juifs à la suite de l'assassinat commis la veille sur la personne de Philippe Henriot, secrétaire d'État à l'information et à la propagande du gouvernement de Vichy. Il avait tout lieu de croire que les auteurs de ces meurtres appartenaient à la milice française. Les témoignages de deux anciens membres du 2e Service, Édouard Fayolle et Jean Reynaudin, confirmaient que ces exécutions de Rillieux étaient bien l'œuvre de miliciens dirigés par Paul Touvier. Prudent, et sachant que la libération de Lyon n'est plus qu'une question de jours, Touvier s'empresse alors de disparaître.

Condamné à mort par contumace le 27 mars 1946 par la Cour de justice de Lyon, pour intelligence avec l'ennemi, il le sera une deuxième fois par la Cour de justice de Chambéry, le 4 mars 1947, pour ses fonctions de chef départemental du 2e Service de la milice. Le 3 juillet suivant, il est arrêté pour un vol de voiture, au cours duquel il a été blessé au bras, et conduit dans les locaux des Renseignements généraux. Interrogé, il « balance » sans hésitation les noms des personnes qui l'ont aidé à vivre jusque-là, essentiellement des ecclésiastiques ; puis, grâce à la sollicitude d'une secrétaire, il s'évade et disparaît de nouveau. Une évasion qui a toujours laissé les magistrats perplexes. Était-elle le résultat d'un marché avec les inspecteurs des RG ?

Par décret du président de la République du 23 novembre 1971, Touvier est officiellement gracié ; il obtient même la remise gracieuse des peines d'interdiction de séjour et de confiscation des biens qui se trouvaient attachées aux peines prescrites. À défaut de réapparaître au grand jour la tête haute, Touvier peut cependant sortir de sa tanière. Pas pour longtemps, cependant. Cette grâce présidentielle a provoqué un beau charivari médiatique. Et sans traîner, Touvier prend alors la poudre d'escampette avec sa famille. Il a raison : le 9 novembre 1973, Georges Glaeser, fils de l'une des victimes de Rillieux, dépose plainte avec constitution de partie civile contre Touvier du chef de crime contre l'humanité. Et, le 27 juin 1979, la chambre d'accusation de Paris décide que, en vertu de la loi interne du 26 décembre 1964 sur l'imprescriptibilité des crimes contre l'humanité, ceux commis à Rillieux visés dans les poursuites ne sont donc pas, en effet, couverts par la prescription de l'action publique. Le renvoi de Touvier devant la cour d'assises des Yvelines, pour y être jugé, est donc prononcé. Mais de Touvier, nulle trace. Un faux avis de décès, publié dans la presse savoyarde, ne donnera pas longtemps le change. Cette fois, sa cavale durera dix huit ans.

Ce 2 mars 1988, la tâche dont viennent d'hériter les gendarmes de la Section de recherches de Paris ressemble un peu, de prime abord, à un cadeau empoisonné. Ce dossier Touvier, en effet, était auparavant suivi par la Brigade criminelle, qui l'avait clôturé en raison de recherches infructueuses. Après entretien avec le juge Grellier, le commandant de la SR de l'époque accepte toutefois de s'en charger. Car si les faits concernés relevaient du crime contre l'humanité, la mission initiale, elle, n'était en fin de compte que la mise à exécution d'un mandat d'arrêt. Un groupe de travail est aussitôt créé pour étudier toutes les possibilités susceptibles de conduire à Touvier.

Ce qui, d'emblée, frappe les enquêteurs, c'est le travail phénoménal déjà accompli par la Brigade criminelle ; elle avait ratissé de façon très précise toutes ces possibilités permettant de retrouver le fugitif. « Ils avaient vraiment fait du beau boulot ! », reconnaît le lieutenant Mathy. S'appuyant sur ce travail, la Section de recherches va donc, dans un premier temps, tenter de lister tous les domaines propices à de nouvelles investigations : la famille, les anciennes relations, les autorités, l'administration, les organismes et services, les adversaires de Touvier. Le chapitre des victimes est, lui, divisé en trois catégories : les victimes juives, les résistants, le patrimoine des victimes. Quant au rôle de l'Église, il s'agit de séparer celui de l'époque des faits de celui de la Libération, et aussi de créer un répertoire des personnages et lieux proches de la mouvance catholique intégriste dans la région Rhône-Alpes ; les liens de Touvier avec ces milieux traditionalistes sont en effet notoires. Enfin, la SR collationne tous les articles de presse parus au moment de la grâce accordée à Touvier par Georges Pompidou.

C'est cet axe de travail et la méthode utilisée pour l'exploiter au mieux qui permettront à la Section de recherches de parvenir à ses fins. Entrer dans les détails de cette enquête demanderait un volume entier. Toujours est-il que, dix-huit mois après le début de ses investigations, elle parviendra à localiser le collecteur de fonds de Touvier. Entendu, cet homme dira n'avoir pas vu ce dernier depuis des années ; en revanche, il indiquera aux gendarmes le nom et l'adresse de la personne à qui il remet ces fonds. D'une marche à l'autre, la SR finit ainsi par aboutir un jour à Mézières-en-Brenne, dans l'Indre, dans un couvent de religieuses proches de monseigneur Lefebvre, où sa propre sœur est d'ailleurs enterrée ; elle y fera main basse sur des bagages appartenant à Touvier. Seul homme de ce couvent, l'aumônier, interrogé par les enquêteurs, leur révélera l'endroit où se terre Touvier. Dans la nuit du 23 au 24 mai

1989, une voiture de gendarmerie part de Mézières-en-Brenne avec, à son bord, quatre hommes de la Section de recherches de Paris, dont son commandant de l'époque. Elle va traverser le Massif central et rouler toute la nuit. À 8 heures 10, ce 24 mai 1989, Paul Touvier est arrêté dans un couvent des environs de Nice. Sa première réaction est le soulagement. « Il semblait être heureux d'avoir été arrêté par la gendarmerie », dit le lieutenant Mathy. De fait, Touvier aurait eu tout à craindre de l'intervention, sans doute moins « courtoise », d'autres groupes de justiciers.

Le 19 avril 1994, les jurés de la cour d'assises de Versailles condamneront Paul Touvier, reconnu coupable de crime contre l'humanité dans l'affaire des sept fusillés de Rillieux, à la réclusion criminelle à perpétuité. Il mourra en détention le 17 juillet 1996, à l'âge de 81 ans.

Pour parvenir à l'arrestation de Touvier, la Section de recherches de Paris avait mobilisé, durant dix-huit mois, quatre enquêteurs à plein temps. Mais aussi, et surtout, elle avait reçu dans cette affaire l'inestimable concours d'un nombre important de gendarmeries de l'ensemble du territoire. Ainsi, à Chambéry, où l'équipe de la SR a travaillé presque six mois d'affilée, a-t-elle bénéficié du support logistique d'enquêteurs locaux, dont l'un, en particulier, familier des arcanes de cette ville et de ses différents milieux, lui a permis de s'introduire plus facilement auprès des administrations et de certains particuliers. Ce sont également, en France, des dizaines de gendarmeries qui ont collaboré et contribué, par leurs propres investigations, à l'aboutissement de l'enquête. La SR, qui avait en permanence besoin de réponses rapides, a toujours obtenu satisfaction, dans ce domaine comme dans bien d'autres, des gendarmeries sollicitées. Dernier atout : aucun de ces gendarmes – et ils étaient des centaines – peu ou prou au courant de tel ou tel point de l'enquête, compte tenu de l'étendue des investigations, n'en a transgressé le caractère confidentiel par une quelconque indiscrétion ; ce qui a permis à la SR de travailler avec une parfaite tranquillité d'esprit. En ce sens, l'affaire Touvier est donc un bon exemple des résultats que peut donner le maillage territorial de la gendarmerie.

Cette longue traque, qui se soldait donc par un succès, n'était pourtant qu'une sorte de hors-d'œuvre. Car c'est à partir de cette arrestation de Touvier en 1989, en effet, que commence pour la Section de recherches de Paris la phase dite de la « recherche du crime contre l'humanité ». Le dossier Touvier, entre-temps, était passé du juge Grellier au juge Getti. Nouveau juge, nouvel objectif : son but était ni plus ni moins, en replaçant les faits reprochés à Touvier dans le cadre de son action au sein de la milice de Lyon et de son 2e Service, d'établir sans conteste possible que ces faits relevaient bel et bien de crimes contre l'humanité. Le juge Getti voulait déterminer la place exacte d'un Touvier dans le système général de Vichy. Il voulait l'histoire, toute l'histoire de la structure de la collaboration, en partant du sommet, afin de parvenir à retracer l'ascension de Touvier au sein de cette structure et être ainsi en mesure de déterminer quels faits éventuels, au cours de cette ascension, pouvaient lui être reprochés en tant que crimes contre l'humanité, imprescriptibles au regard du code de procédure pénale. Vaste programme !

Prenant les moyens de ses ambitions, le juge Getti va alors délivrer à la SR de Paris une commission rogatoire très large, axée sur deux points principaux : 1) déterminer, donc, quelle était cette place de Touvier au sein de la collaboration, de quelle façon la milice avait été créée et quels en étaient les acteurs principaux, la manière dont fonctionnait sa structure, la place de cette milice par rapport à d'autres unités collaborationnistes et la nature des rapports qu'elle entretenait avec elles, ainsi qu'avec les organes nazis, dont les SS ; 2) une fois ce travail effectué, retrouver toutes les personnes qui avaient eu, au sens large, affaire à Touvier et les entendre. « Affaire à Touvier » englobait les personnes qui avaient eu affaire à lui dans son action contre la Résistance et contre les Juifs, et affaire à lui dans son travail quotidien, et avaient pu de ce fait côtoyer ceux qui appartenaient à la même structure que lui.

Sans trop s'émouvoir devant l'ampleur de la tâche, la SR va donc s'attaquer à la lecture de tonnes de documents, qu'elle va dénicher aux archives nationales, départementales, communales, aux archives des Anciens combattants, à celles du Consistoire, au Centre de documentation juive contemporaine (CDJC) et aux archives de la justice militaire du Blanc. Il lui fallait dans un premier temps reconstituer la structure précise de la milice, en partant de son point de départ, avec la création des Croix de Feu, pour arriver ensuite à l'organisation montée par Darnand [1], se pencher sur la doctrine de la milice et sur les différents points du « serment du milicien » concocté par ce même Darnand, puis descendre un échelon et extraire des dossiers les faits imputables à la milice de la région où avait exercé Touvier, de même que dans les autres régions, d'ailleurs, afin de voir s'il existait une éventuelle corrélation entre tous les actes de la milice. Dans un deuxième temps, la SR devait s'attacher à mettre la main sur des individus qui avaient participé avec Touvier à des actes criminels ou délictuels. Il lui fallut à cet effet lire des centaines de procès de l'époque, de tous les tribunaux d'exception qui existaient alors ; pour plus de commodité, une bonne partie des archives de Lyon fut au demeurant transférée, sur réquisition, dans les locaux parisiens de la SR. Mais nombre de personnages mis en cause dans ces dossiers avaient toutefois bénéficié de transferts sur d'autres juridictions ; ainsi certains d'entre eux avaient-ils été rejugés à Saint-Étienne ou à Paris, par exemple, quand d'autres l'avaient été par des tribunaux militaires. Ce qui obligeait chaque fois les gendarmes à se déplacer dans ces diverses localités, afin de consulter sur place les nouveaux dossiers concernant ces personnes. Parallèlement, la Section de recherches s'était aussi intéressée aux dossiers de l'épuration, ainsi qu'aux registres d'écrou de la maison d'arrêt de Montluc, à Lyon,

1. Joseph Darnand, secrétaire général de la milice, s'engagera dans les Waffen SS en août 1943.

où étaient internées certaines des personnes arrêtées par le 2e Service de Touvier, et, de façon générale, avait effectué des recherches très poussées sur toute la vie lyonnaise de cette époque. Elle s'était également penchée sur la manière dont Touvier avait acquis alors son appartement du 101, boulevard des Belges, afin de savoir s'il n'était pas le fruit d'une spoliation commise au détriment d'un Juif ; la SR n'avait pas tardé, dans ce domaine, à se rendre compte que Touvier, bien qu'au service de l'État français, s'était en maintes occasions comporté comme un vulgaire droit commun œuvrant à son seul profit. Eh oui, lui, l'ami et le protégé des prêtres intégristes, le personnage confit en religion, pleutre et cauteleux, ce Touvier-là n'était rien d'autre, au quotidien, qu'un petit malfrat. Un élément qui, lors de son procès, pèsera lourd auprès des jurés.

Une fois terminé ce travail, restait encore à retrouver les survivants. Disposant, dans les dossiers, des dates de naissance des intéressés, la SR effectua donc des recherches auprès des mairies, afin d'établir une liste de ceux qui, non repérés décédés, étaient donc susceptibles d'être entendus comme témoins. Tous les individus concernés et retrouvés furent alors auditionnés, soit en tant que victimes, soit en tant qu'acteurs.

Se bornant aux faits proprement dits, la SR va tenter, enfin, d'établir dans quelles conditions précises s'étaient déroulées ces arrestations de Rillieux. Il lui fallait savoir s'il y avait eu, à cette occasion, connivence entre les services SS et la milice ; elle se rendit donc à Lyon pour y lire le dossier de Klaus Barbie, afin de vérifier s'il était ou non en relation avec le 2e Service de Touvier.

Bref, c'est sur ce dossier de la Section de recherches de Paris, et sur ce dossier seulement, que put être établie la preuve formelle que la mort des sept Juifs de Rillieux, fusillés de dos, relevait d'un crime contre l'humanité commis en l'espèce par Paul Touvier et ses acolytes. Aux dix-huit mois qu'il avait fallu pour le retrouver, il convenait maintenant d'ajouter les vingt-quatre mois nécessaires à la constitution de ce faramineux dossier. Un travail colossal.

C'est à partir de cette affaire Touvier que la Section de recherches, *nolens volens*, allait hériter d'autres dossiers de crimes contre l'humanité. Le juge Getti, semble-t-il satisfait de la cellule créée dans ce but par la SR, va lui confier dans la foulée une nouvelle tâche : celle de retrouver Alois Brunner et de mettre à exécution le mandat d'arrêt international le concernant.

On change de gibier de potence. Il ne s'agit plus, cette fois, d'un bigot collaborateur, assassin par lâcheté, mais de ce que l'humanité peut produire de pire dans le domaine de l'odieux. Rien ne vaut, pour situer le personnage, cette phrase de Serge Klarsfeld, tirée de sa préface à l'ouvrage que Didier Epelbaum a consacré à Brunner [1] : « La région lyonnaise était le théâtre des forfaits de Barbie ; l'Europe entière était la scène où Brunner exprimait sa haine meurtrière antijuive. » Considéré à juste titre comme le plus grand criminel de guerre nazi encore vivant, Alois Brunner constituait, avec son « maître » Adolf Eichmann, le noyau dur de ce « clan des Autrichiens » qui, dans l'application de la solution finale, fit preuve d'une sauvagerie et d'un zèle inouïs, jamais égalés. À son actif : plus de 130 000 victimes pour l'ensemble des pays où il est passé : Autriche, Allemagne, Grèce, Pologne, Tchécoslovaquie, France. Commandant du camp de Drancy du 18 juin 1943 à fin août 1944, avec une parenthèse de quelques semaines à Nice, il en fera déporter 25 000 Juifs, dont plusieurs centaines d'enfants, vers les camps d'extermination de l'Est. Inutile d'ajouter que la plupart d'entre eux y périrent. Mais Brunner, c'est aussi et surtout celui qui inventa la collaboration juive. Déjà, à Vienne, de 1938 à 1941, alors qu'il a comme mission, en tant que seul responsable local de cette opération, de déporter par milliers des Juifs viennois vers la Pologne, il ne trouve pas mieux, pour mener à bien cette entreprise, compliquée à réaliser sur un plan logistique, que d'y associer la communauté juive locale et plus particulière-

1. Didier Epelbaum : *Alois Brunner*, Éditions Calmann-Lévy, 1990.

ment son responsable, Josef Loewenherz. Pour respecter les quotas qu'il s'est lui-même fixés, et parvenir ainsi à déporter une population de 60 000 personnes au rythme de 1 000 à 2 000 par semaine, Brunner a l'idée de recourir aux Juifs eux-mêmes. Il fait donc de Loewenherz son collaborateur le plus direct et l'investit de toutes les responsabilités inhérentes au bon fonctionnement de ce plan. C'est lui qui est responsable du regroupement des Juifs dans des centres spéciaux, dont l'administration est à son tour confiée à des Juifs, c'est lui qui est chargé de faire appliquer les critères qui président au choix de ces futurs déportés, c'est à lui encore que revient de faire en sorte que ces Juifs se séparent « volontairement » de tous leurs biens avant leur départ et c'est à lui de veiller à ce que les Juifs se soient bien acquittés du montant de leur transport vers la Pologne. Toujours plus inventif, Brunner demande même à la communauté de fournir des auxiliaires de police pour assurer le convoyage, l'organisation et la réception des autres Juifs dans les centres prévus à cet effet. Comble de l'ignominie, ce sont ces Juifs de la *Jupo* (Judische Polizei) qui seront chargés d'arrêter leurs coreligionnaires récalcitrants. Si Josef Loewenherz et son adjoint, le rabbin Murmelstein, ont accepté de participer ainsi de manière active à la déportation de leurs coreligionnaires, c'est parce que, dans leur esprit, celle-ci devrait permettre à la communauté de contrôler peu ou prou les déchaînements antisémites de Brunner et d'en réduire la portée. Autre avantage qu'ils espèrent pouvoir en retirer : la possibilité de sauver ainsi certaines personnes des convois, dont Brunner exige pourtant qu'elles soient remplacées par d'autres, afin de respecter ses quotas. Quant aux autres Juifs collaborateurs, Brunner a promis de leur épargner la déportation. Toutes promesses non tenues, cela va sans dire. Ce système démoniaque, Alois Brunner le reprendra tel quel, à d'infimes variantes près, dans tous les lieux où sa barbarie trouvera à s'épanouir. À Drancy comme ailleurs.

Voilà donc le « client » que le juge Getti demande à la Section de recherches de retrouver et d'arrêter. La commission rogatoire qu'il lui délivre à cet effet comporte deux objectifs principaux : rechercher Brunner et constituer simultanément un dossier sur ses activités criminelles lors de son séjour en France. Partie historique et partie physique des investigations seront donc menées de pair. Pour la SR, il s'agit, d'une part, de mettre la main sur Brunner et, de l'autre, de savoir si les autorités judiciaires du pays où il a trouvé refuge accepteront de coopérer pour faire mettre à exécution le mandat d'arrêt international dont il est l'objet.

Sans perdre de temps, les gendarmes s'attellent à la tâche. Ils vont commencer par consulter les archives du Centre de documentation juive contemporaine (CDJC) de Paris, qui rassemble les originaux des correspondances et des témoignages sur le camp de Drancy, et dont le dossier Brunner est dû à l'obstination de Serge Klarsfeld. Les faits qui valent à Brunner d'être la cible du juge Getti, ce sont certains convois précis de déportés partis de Drancy pour les camps d'extermination ; certains convois seulement, car, en mai 1954, les tribunaux permanents des forces armées de Paris et de Marseille l'ont déjà condamné à mort par contumace pour « meurtres avec préméditation, tortures, déportations vers des camps d'extermination, spoliations et pillages, détentions et séquestrations arbitraires ». Éloquent. Tandis qu'une équipe de la SR tente de cerner la responsabilité de Brunner dans l'organisation d'autres convois, de même que dans les rafles d'enfants de l'UGIF (Union générale des Israélites de France), ou encore dans les rafles ultérieures de Nice, une deuxième s'occupe, elle, d'établir la liste des personnes transportées par chacun de ces convois, de déterminer la structure et le fonctionnement du camp de Drancy et d'identifier les acolytes de Brunner dans l'enceinte du camp.

Tous les convois partis de Drancy entre le 23 juin 1943 et le 17 août 1944 vont être ainsi passés au crible par la SR. Cet ultime convoi du 17 août ne comprenait que 51 Juifs ; composé en majorité des personnalités, il y avait parmi elles Jean Frydman ; bien des années plus tard, la Section de recherches aura d'ailleurs affaire à lui comme plaignant contre une société française de cosmétiques, de notoriété mondiale, pour discrimination raciale ; afin de préserver son marché arabe du Moyen-Orient, cette société refusait en effet de vendre à Israël. Mais le convoi le plus émouvant que la SR ait eu à reconstituer fut le n° 77 du 31 juillet 1944 : parmi les 1 300 déportés qu'il comptait, il emportait vers l'Est 300 enfants de l'Union générale des Israélites de France. Or, il existait à cette époque un accord entre les autorités allemandes et celles de Vichy stipulant que les enfants juifs ne devaient pas être arrêtés et encore moins déportés. Mais de cet accord, Brunner n'avait cure. Comme d'habitude, et sûr de son impunité, il n'en faisait qu'à sa tête. C'est d'ailleurs un total de 3 139 enfants et adolescents de moins de 18 ans qu'il fera déporter de Drancy dans le courant de 1944.

En reprenant d'autre part tous les états journaliers de Drancy, les gendarmes purent établir avec précision que, entre le 2 juillet 1943 et le 18 août 1944, 26 418 personnes étaient entrées au camp et 22 427 en étaient reparties pour les camps d'extermination. La Section de recherches a pu également déterminer, pour chaque convoi, le nombre de survivants à la Libération, au vu des documents existants et par recoupements effectués auprès de divers organismes tels que les associations d'anciens combattants et autres : 72 survivants pour le convoi n° 55 du 23 juin 1943, 43 survivants, dont 16 femmes, pour le convoi n° 57, 28 pour le convoi n° 58, et ainsi de suite. Tous les survivants retrouvés furent entendus par les hommes de la SR ; parmi eux, Simone Veil et Robert Manuel. Ils témoignèrent sur la façon dont Brunner avait administré le camp et comment, avec très peu de personnel, il était parvenu à impliquer des notables juifs dans la structure bureaucratique de Drancy : les déportés y étaient reçus par des Juifs, fichés par des Juifs, le responsable de la discipline était juif, le médecin aussi, bref, l'essentiel du fonctionnement du camp était assuré par des Juifs. Brunner avait appliqué à Drancy les méthodes éprouvées de ses débuts à Vienne. Comme l'écrira le lieutenant Mathy dans son rapport : « Alois Brunner procédera à un élargissement de la collaboration des internés à l'administration du camp, simplifiant ainsi la tâche des Allemands et démoralisant les autres internés. Cela lui permettra de n'employer qu'un effectif restreint de cadres SS, à savoir six fidèles de son staff d'origine autrichienne. Il s'accordera également l'assistance des internés juifs et choisira parmi eux huit interprètes qui feront la liaison entre les autorités allemandes et les détenus. Il nommera un chef de camp juif, chargé de faire respecter les ordres reçus. Il créera une « chancellerie », composée d'éléments juifs et destinée à lui servir de secrétariat particulier. » C'est dans cette chancellerie que se déroulaient les premiers interrogatoires des arrivants et leur classement par catégories, comme suit :

– A : Aryens et conjoints d'Aryens.

– B : Juifs, apatrides et autres ressortissants de nationalités déportables.

– C1 : Internés employés et cadres du camp, maîtres de la machine administrative.

– C2 : Ressortissants de nationalités protégées.

Les C3, C4 et C5 désignaient des catégories qui, pour diverses raisons, ne devaient pas être immédiatement déportées. Comme il fallait s'y attendre, la plupart des détenus seront bien entendu classés en catégorie B, celle des déportables, que Brunner appelait « les travailleurs de l'Est ».

Mais ces témoignages mettront surtout en exergue la perversité d'un système, aggravé par la terreur permanente que faisait régner Brunner, qui contraignait chacun, par l'esprit de servitude dans lequel il l'entretenait, à collaborer. Là encore, les Juifs qui acceptaient ces tâches le faisaient dans l'espoir d'adoucir le sort de l'ensemble de la communauté ou celui d'échapper à la déportation vers les camps de la mort. Pure illusion, bien entendu.

Entre-temps, la Section de recherches a pu, grâce à la lecture d'archives et d'ouvrages de référence, reconstituer la vie de Brunner, l'essentiel de son cheminement depuis sa naissance jusqu'à sa disparition, en 1946. Quant à savoir où se cache Brunner à l'heure actuelle, il s'agit là d'un secret de polichinelle. Sous le pseudonyme de Georg Fischer, il vit en Syrie depuis 1954 ; sa présence y est attestée par diverses rencontres et entretiens avec des journalistes, ainsi que par plusieurs témoignages. Les enquêteurs de toutes les polices du monde sont ainsi faits, cependant, qu'ils reprennent systématiquement à la base le travail déjà effectué par d'autres, afin de voir si tel ou tel point n'a pas éventuellement été omis ou négligé, ou bien si leurs investigations personnelles ne leur ouvre pas de nouvelles pistes. Ce qui, de fait, est bien souvent le cas. Les gendarmes de la Section de recherches n'échappent pas à cette règle et vont donc entreprendre un périple qui les mènera successivement dans plusieurs pays.

Le premier déplacement s'effectue en Allemagne de l'Est, une semaine à peine après la chute du Mur de Berlin, où les hommes de la SR vont rencontrer le procureur de Potsdam ; suivront, en Allemagne de l'Ouest, cette fois, le procureur général de Cologne, où, fin 1960, son homologue de l'époque, Franz Bauer, avait déjà lancé un mandat contre Brunner, puis le procureur général de Francfort, Walter Griebel, qui, avec un dossier de près de cinq cents pièces, est sans doute le magistrat le mieux armé contre Brunner. Tous trois ouvriront volontiers leurs dossiers pour les hommes de la SR. Profitant de ce séjour, les gendarmes iront aussi consulter les archives du Berlin Document Center, afin d'y vérifier si un élément quelconque relatif à la fuite de Brunner ne leur aurait pas échappé.

La suite de cette quête passait fort logiquement par l'Autriche où, depuis 1961, Brunner est recherché par le procureur Gleissner et ses successeurs pour la déportation des Juifs de Vienne. D'autres faits justifiaient la présence ici de la Section de recherches : en 1987, Kurt Seinitz, journaliste au *Kronen Zeitung*, quotidien autrichien, affirmait avoir vu Brunner à Damas. Entendu par les gendarmes français, il leur apportera des détails sur ses assertions d'alors. De même, la SR va tenter d'en savoir plus sur un événement qui a coûté cher à Brunner : en 1980, la société *Freunde der Heilkraüter – Les Amis des plantes médicinales* – de Karlstein, en Haute-Autriche, lui expédie à Damas l'une des commandes qu'il leur adresse régulièrement. Le colis, piégé, lui éclatera entre les mains et il y laissera quatre doigts de la main gauche. L'enquête conduite en Autriche innocentera la société de Karlstein, mais laissera toutefois supposer que le Mossad est, lui aussi, un fervent adepte de ces plantes médicinales. C'est le deuxième attentat au colis piégé qu'essuie Brunner. Déjà, le 13 septembre 1961, un paquet qui lui était destiné avait explosé à la poste centrale de Damas, tuant les deux employés qui étaient en train de le lui amener et le brûlant, lui, au visage ; il y avait perdu l'œil droit. Nul ne sut jamais s'il fallait imputer la responsabilité de cette action au SDECE ou au Mossad, tant les services secrets français et israéliens coopéraient à l'époque. Sur l'affaire du colis de plantes médicinales, la SR n'allait rien apprendre de plus que ce qu'en concluait l'enquête officielle. Ce séjour autrichien s'achèvera par une visite des gendarmes à Simon Wiesenthal, afin que celui-ci leur indique quels étaient, selon lui, les axes d'investigations qu'ils devaient privilégier ; ce que fit Wiesenthal, en mettant de surcroît à leur disposition l'énorme documentation qu'il a accumulée sur Brunner et confiée au Centre de documentation juive de Vienne. Ce même Wiesenthal qui, en réponse à cette question de Didier Epelbaum[1] : « Si vous deviez voir un seul criminel de guerre nazi jugé, lequel choisiriez-vous ? », lui avait répondu sans la moindre hésitation : « Brunner. Oui, Brunner, car c'est lui qui a inventé la collaboration juive. »

Impossible pour la Section de recherches, évidemment, de ne pas se rendre en Israël pour y compléter son information. Ce qu'elle va faire tous azimuts, en y épluchant d'une part les archives du Mémorial Yad Vachem de Jérusalem,

1. Voir *supra* note page 91.

qui réunissent des documents du procès Eichmann et des dossiers sur les criminels de guerre nazis, et en rendant visite de l'autre à certains historiens locaux retirés dans des kibboutz. Puis, d'Israël, la section de recherches s'envola pour les États-Unis, afin d'y consulter les archives de l'Institute for Jewish Studies de New York, qui, outre les originaux de l'UGIF, rassemble nombre de documents sur les ghettos et communautés juives.

Pour parachever leur enquête, les hommes de la SR entendirent le témoignage d'un journaliste français, José Benjamin, qui, en 1972, sur les instances d'une relation commune, avait rencontré à Damas un certain Georg Fischer ; au cours de l'entrevue, celui-ci s'était lancé, sans aucune raison, dans une violente diatribe contre les Juifs. Interloqué, le journaliste s'était toujours demandé, depuis, quelle sorte de dangereux olibrius il avait eu alors en face de lui. Il lui faudra attendre 1985 et la publication par l'hebdomadaire allemand *Bunte* d'une interview d'Alois Brunner, accompagnée de photos prises à Damas, pour comprendre que Fischer et Brunner ne faisaient qu'un.

Ces photos du *Bunte*, la SR prit d'ailleurs soin d'en faire vérifier l'authenticité. Elle se rendit donc à Wiesbaden, au siège du BKA (Bundeskriminalamt), la police criminelle allemande, afin de faire procéder par un expert à un comparatif morphologique entre des clichés de Brunner pris à Drancy en 1944 et ceux de l'hebdomadaire. Le rapport de l'expert fut sans appel : il s'agissait sans aucun doute d'une seule et même personne.

Enfin, la Section de recherches avait repéré, dans « l'environnement » de Brunner, l'un de ses associés d'une société basée en Syrie : un ancien général allemand proche de Hitler, réfugié en Espagne. En 1995, les gendarmes allèrent donc l'entendre sur place ; il leur confirma alors non seulement ses liens avec Brunner, mais aussi la présence de celui-ci en Syrie. Il ajouta que, étant donné ses relations toujours étroites avec les milieux des anciens nazis et les milieux arabes, un éventuel décès de Brunner lui serait immédiatement revenu aux oreilles. Ces propos démentaient une information parue dans *La Lettre d'Orient*, qui faisait état de la mort de Brunner.

Dans ce registre des fausses nouvelles, la SR avait également envoyé l'une de ses équipes dans la province argentine des Misiones, à la fois proche du Paraguay et du Brésil, où, selon une information, Brunner se serait réfugié après avoir quitté la Syrie. Ce qui, vérification faite, n'était pas le cas.

Au terme de ses investigations, la Section de recherches de Paris avait donc acquis une certitude : celle qu'Alois Brunner vivait toujours, et qu'il vivait en Syrie. Quant à espérer une collaboration des autorités judiciaires syriennes pour faire extrader Brunner, il n'y fallait pas compter. Relancées à quatre reprises par la SR tout au long de cette enquête, elles n'avaient jamais daigné répondre.

Objet de quatre demandes d'extradition formulées par l'Autriche, l'Allemagne, la France et Israël, mais curieusement pas par la Grèce ni par la Tchécoslovaquie, pourtant elles aussi victimes de ses exactions, objet d'autre part de toute une série de mandats d'arrêt internationaux, Alois Brunner est malgré tout bien parti pour mourir sans son lit, en paisible retraité du crime de guerre. Âgé aujourd'hui de 86 ans, borgne et infirme de la main gauche, il ne ferait certes pas très bonne figure dans une cage de verre au milieu d'un tribunal. Il n'empêche que cette impunité dont il a si longtemps bénéficié, et avec quel cynisme, est l'un des plus révoltants dénis de justice de ces cinquante dernières années.

Ultime espoir : que, lors du récent voyage officiel en France d'Hafez el-Assad, au mois de juillet 1998, Jacques Chirac soit parvenu à convaincre le président syrien de « lâcher » Brunner. En toute discrétion, bien entendu. Mauvais point : lors d'un voyage du président français à Damas, en 1996, son homologue syrien s'était déjà engagé à « faire le nécessaire », sans jamais donner la moindre suite à sa promesse.

Faute de pouvoir faire plier les Syriens, ce dossier Alois Brunner serait donc prochainement clos, du moins en

France. Pour tous ceux de la Section de recherches qui ont eu jour après jour à le constituer, il s'agirait d'une déception. Ou plutôt d'une frustration, à l'image de celle qui fut la leur lorsque, sollicités pour apporter leur appui technique dans le dossier de René Bousquet et enquêter sur une éventuelle responsabilité de celui-ci dans la déportation des membres d'un réseau de résistance formé d'employés des télécommunications [1], une espèce d'illuminé au passé glauque, Christian Didier, abattit l'ancien secrétaire général de la police sous Vichy de quatre balles, mettant ainsi un point final prématuré à l'action en justice alors en cours.

Une déconvenue qui n'empêche pas la Section de recherches de Paris de poursuivre, à la demande du juge Hervé Stephan, désormais en charge de tous les dossiers relatifs aux crimes contre l'humanité, ses investigations sur John Ivan Demjanjuk, un Ukrainien de 78 ans plus connu sous le surnom d'« Ivan le Terrible ». Fait prisonnier par les Allemands en 1942, celui-ci se mit aussitôt à leur service et s'illustra au camp de Treblinka entre septembre 1942 et août 1943. Auteur d'innombrables atrocités, il se réfugia sous un nom d'emprunt aux États-Unis après la guerre ; extradé le 28 février 1986 à la demande des autorités israéliennes, il fut jugé un an plus tard à Jérusalem. Acquitté, faute de preuves suffisantes sur son identité réelle, il reste néanmoins dans le collimateur de la justice française, qui le soupçonne d'avoir commis d'autres crimes dans les camps de Sobibor et de Flossenburg.

Il se pourrait aussi que la Section de recherches de Paris ait à enquêter prochainement sur quelques-uns des trop fameux « nettoyeurs ethniques » de l'ex-Yougoslavie et du Rwanda. Ce serait alors, convenons-en, la meilleure réponse possible aux accusations de mollesse portées à l'encontre d'officiers français des forces de l'ONU en Bosnie, et répandues à l'envi au sein de diverses instances internatio-

1. Il s'agit du réseau appelé « La source K », dirigé par Robert Keller, mort en déportation.

nales, dans la recherche des criminels de guerre locaux. De même qu'aux interrogations suscitées par les décisions politiques à l'origine de l'intervention française au Rwanda, en 1994, et ses conséquences éventuelles sur le génocide rwandais.

4

La caravane passe

La gendarmerie mobile en Île-de-France

Dans le 8e arrondissement de Paris, la rue Rabelais est l'une des plus courtes de ce quartier de commerces de luxe et de galeries d'art. Commençant avenue Matignon, elle débouche, après une centaine de mètres, sur la rue Jean-Mermoz. Détonnant dans cet environnement huppé, elle ressemble aujourd'hui à un camp retranché. Devant des barrières qui en interdisent l'accès à la circulation, des forces de gendarmerie mobile contrôlent les rares limousines, toutes de couleur sombre, qui, de l'avenue Matignon, désirent s'y engager. Afin de ne rien laisser au hasard, ces hommes passent même sous le véhicule un miroir fixé au bout d'une longue perche, ce qui leur permet, le cas échéant, de détecter quelque objet suspect accroché au plancher de la voiture ; par objet suspect, il faut entendre une bombe ou n'importe quel autre engin explosif. Parallèle aux façades des immeubles, un mur de béton d'environ cinquante mètres de long et deux mètres cinquante de haut partage la rue en deux parties distinctes ; au-dessus, ce dispositif est complété par un grillage qui s'étend sur presque toute la largeur de la rue. Sur la droite, des ouvriers travaillent à la rénovation d'un immeuble de bureaux d'une grande compagnie d'assurances ; ils sont en train d'installer une deuxième façade en verre plein à moins de cinquante centimètres de la première ; sur un plan architectural, cette initiative n'a rien de réjouissant : elle va imposer aux employés de l'immeuble la vision permanente de cette deuxième façade, sans aucune fenêtre ni ouverture. De l'avenue Matignon, on aperçoit également un portique, situé à gauche, au bout d'un couloir de béton et de grillage, donc, et gardé par des vigiles armés non seulement de détecteurs manuels de métaux, mais aussi d'objets indistincts qui gonflent les poches de leurs manteaux, d'ailleurs incongrus par cette température printanière. Si le promeneur a choisi, malgré ce déploiement inopiné de mesures défensives, de passer du côté droit, réservé à la circulation des piétons acceptant de passer sous le joug de ce grillage, mieux vaut tout de même pour lui ne pas trop s'attarder. Les badauds, ici, ne sont pas les bienvenus, et les vigiles qui patrouillent auraient alors tôt fait de venir le prier fermement, avec un accent étranger, de poursuivre son chemin sans délai. Ce promeneur, à un tel spectacle, se demande alors quelle sorte de fièvre obsidionale a bien pu s'emparer de cette rue Rabelais. Mais qui peut donc bien faire preuve, ici, d'une telle mentalité d'assiégé ?

En regardant mieux vers les façades de gauche, il comprend vite de quoi il retourne : au-dessus de la porte de l'un de ces immeubles cossus, le drapeau israélien indique qu'il s'agit ici des locaux parisiens de l'ambassade de cet État. Le pays dont les représentations diplomatiques requièrent, partout dans le monde, la plus extrême vigilance, tant elles sont l'objet continuel de menaces d'attentat. Et la surveillance de cette représentation diplomatique israélienne à Paris incombe à la gendarmerie mobile, comme d'ailleurs celle de toutes les ambassades susceptibles d'être la cible de terroristes : ambassades d'Irak, des États-Unis, d'Iran, de Russie, et de Chine populaire en particulier ; de même a-t-elle en charge la garde de tous les palais nationaux de la capitale : palais Bourbon, hôtel Matignon, Palais de justice où, d'ailleurs, son travail se révèle être beaucoup plus qu'une simple surveillance. Il s'agit là, selon la terminologie en vigueur, de la garde des « points sensibles » ; par roulements de trois à quatre semaines, des escadrons sont donc dépêchés de province vers l'Île-de-France dans ce but. L'Île-de-France, et non seulement Paris, car il faut ajouter à la liste des nombreuses missions de la gendarmerie mobile le transfert des détenus de prisons telles que Fleury-Mérogis vers le Palais de justice de la capitale, ainsi que celui des étrangers en situation irrégulière du Centre de rétention administrative du Mesnil-Amelot vers les différentes juridictions qui auront à statuer sur leur sort.

Dans les cantonnements du fort de La Briche, à Saint-Denis, juste en face de la « barre des 4 000 » – survivance d'un urbanisme calamiteux symbolisé par ce bloc de milliers d'appartements d'un seul tenant, dont la façade s'ouvre, on l'aurait parié, sur la rue Paul-Éluard –, le capitaine Gouvart, qui commande l'escadron XI/9 de Villeneuve-d'Ascq, jette un dernier coup d'œil sur les préparatifs de départ de son escadron. Le XI/9 vient justement d'en finir avec cette garde des « points sensibles » de la capitale ; il va être relevé en début d'après-midi. Comme dans le ballet bien réglé d'une caravane de cirque en train de plier bagage, où chacun sait avec précision ce qu'il doit faire, les hommes empilent de la vaisselle et des couverts dans des caisses, d'autres en font autant avec du matériel de bureau, tandis que chambre froide et cuisinière, montées sur roulettes, sont hissées à bord d'un camion. Avec aussi, dans les bagages personnels des gendarmes, du moins de ceux de tous les jeunes sans exception, un téléviseur, un décodeur de Canal + et une console de jeux vidéo. Bref, un déménagement complet. À raison de deux cent vingt jours de déplacement par an environ, chaque escadron se doit d'être parfaitement autonome. Si le cantonnement qui les accueille n'en dispose pas, il amènera même ses lits pliants ; un cas fréquent lors du Tour de France, par exemple. Il peut aussi, et c'est la coutume, joindre à ses bagages l'une ou l'autre des spécialités de sa région d'origine : des pommes de terre en ce qui concerne Villeneuve-d'Ascq. Pour compléter le tout, il dispose également de deux camions ateliers, chargés de l'entretien de l'ensemble des véhicules de l'escadron, soit une bonne quinzaine ; c'est ce qu'il faut pour transporter entre soixante-quinze et quatre-vingts hommes avec leur équipement, la logistique et... les pommes de terre.

Partant du principe qu'un bon gendarme mobile est un gendarme qui mange bien, les commandants d'escadrons veillent à ce que les repas dits « de service » soient les meilleurs possibles. C'est là l'affaire exclusive du gérant, qui doit s'en sortir avec les quatorze francs soixante-quatorze centimes que lui alloue la gendarmerie par repas. Un petit tour de force pour ce personnage clé de l'escadron, qui connaît, dans chaque coin de France, toutes les ficelles pour s'approvisionner au meilleur prix sans rien sacrifier à la qualité. Mais comment y parvient-il ? Mystère. Toujours est-il qu'il y réussit tellement bien que, pour être certain de faire le repas du siècle, l'idéal serait d'en confier la responsabilité à l'amicale des anciens gérants de la mobile. La seule hantise de cet homme, incarnation de la débrouillardise et de l'esprit de sacrifice, est d'entendre un jour, de derrière sa chambre froide, le capitaine prononcer cette phrase terrible, annonciatrice de conséquences si graves qu'elles pourraient bien le pousser à quelque geste fou : « Amenez-moi le gérant ! » Une phrase tellement accablante que, de mémoire de mobile, nul ne l'a entendue depuis des décennies. Ce qui n'est que justice, au vu de ce qui se trouve dans l'assiette. Licinius Lucullus en personne, la seule référence qui vaille en la matière, n'y eût rien trouvé à redire, tant la simplicité est toujours le plus subtil des luxes. Il est vrai que ce même Lucullus était, lui aussi, doté d'un tempérament de gendarme mobile, puisque, non content d'éblouir le tout-Rome par le raffinement de sa table, il avait passé une bonne partie de son mandat de consul à tenter de limiter les exactions des trafiquants romains en Asie.

Il est d'autres « points sensibles » qui n'ont conquis ce titre, bien souvent à leur plus grand dam, que par une sorte de malheureux hasard. Auvers-sur-Oise en est la parfaite illustration. Une bonne partie de ce que la peinture de la fin du XIXe siècle compte comme grands noms, de Cézanne à

Corot, en passant par Pissaro et, bien sûr, Van Gogh, enterré ici aux côtés de son frère Théo, a séjourné dans cette cité du Val-d'Oise de 7 000 habitants. Sa vocation touristique établie, bien à l'abri de sa célèbre église, elle se croyait à des années-lumière des remous de la politique internationale. Elle n'aurait pas dû. Sur les pages de son site web, élaboré par l'office du tourisme local, il est d'ailleurs expressément rappelé à son sujet, dans la rubrique historique : « Périodiquement, des invasions et des guerres traversent Auvers : au XIIe siècle la guerre de Cent Ans, au XIIIe les Normands, au XVIe les guerres de religion. » Les guerres de religion ! Voilà ce qu'il ne fallait pas oublier. Car subitement, en 1981, Auvers-sur-Oise hérita, à son corps défendant, d'un hôte encombrant en la personne de Massoud Radjavi, l'un des plus virulents opposants au régime de Téhéran ; leader des Moudjahidin du peuple, parti islamiste de gauche, il s'engagea aussitôt dans une tonitruante croisade contre la « clique » des mollahs iraniens, multipliant les communiqués et déclarations incendiaires. Impuissante et consternée, Auvers-sur-Oise n'avait plus qu'à subir et à trembler pour sa quiétude. La France, décidément, est bonne fille : elle avait accueilli en son temps, à Neauphle-le-Château, un certain ayatollah Khomeyni qui, une fois de retour dans son pays, n'avait cessé de fulminer des anathèmes à son adresse ; elle allait recevoir, avec une égale hospitalité, les pires ennemis de ce même Khomeyni ; Abol Hassan Bani Sadr, ex-président de la république iranienne, destitué par Khomeyni en janvier 1980, Chapour Bakhtiar, ultime Premier ministre du Chah, et enfin Massoud Radjavi, gendre de Bani Sadr, ils étaient tous là, comme pour défier le vieillard de Qom, qui lança aussitôt ses légions de fanatiques à leurs trousses [1]. Et les *fatwas* – ces condamnations à mort au nom de la religion, dont la plus célèbre est celle qui frappe l'écrivain Salman Rushdie depuis la parution de

1. Soixante opposants iraniens ont été exécutés en Europe seulement depuis 1979. *Sources* ONU.

ses *Versets sataniques* en 1989 – de pleuvoir sur ces opposants ; et la France d'être vouée aux gémonies ; et nos journalistes d'être pris en otages à Beyrouth par un hezbollah libanais stipendié par Téhéran..., et la gendarmerie mobile d'être au bout du compte priée de protéger ceux qui s'opposaient à celui qu'elle avait précédemment protégé. Mais, lasses des écarts verbaux de Massoud Radjavi, qui ne cessait, malgré le devoir de réserve qui s'impose à tous les réfugiés politiques, de se répandre en interviews au vitriol, les autorités françaises finirent quand même par lui demander d'aller prêcher ailleurs. Ce qu'il fit en 1986, en s'exilant à Bagdad, chez le très compréhensif Saddam Hussein. Sa femme, elle, restait à Auvers ; d'où, aujourd'hui encore, elle poursuit le combat de son époux, avec discrétion toutefois ; sur le site Internet qui lui est consacré, il n'y a que quelques photographies de son auguste personne, de face et de profil, haranguant du haut d'une tribune une foule invisible mais que l'on devine acquise à sa cause, le tout sans aucun commentaire. Pour la fille d'un ex-président de la république, elle-même présidente de la République – car tel est le titre que lui ont donné son époux et le parti dans un élan de vénération –, c'est on ne peut plus succinct.

Dans le quartier résidentiel d'Auvers-sur-Oise, en faction devant cette villa de Maryam Radjavi, les hommes de l'escadron de Niort sont provisoirement commandés, en l'absence de leur capitaine, par le lieutenant Hureau, détaché à cet effet de son propre escadron de Joué-lès-Tours. Que cette surveillance s'exerce depuis maintenant plus de quinze ans n'altère en rien leur conscience professionnelle. L'assassinat de Chapour Bakhtiar, le 6 août 1991 à son domicile de Suresnes, a marqué leurs esprits ; la gendarmerie mobile, à l'époque, n'avait pourtant pas eu le moindre reproche à se faire, puisque c'est Chapour Bakhtiar lui-même qui avait fait pénétrer chez lui ses assassins. En place depuis maintenant quatre semaines, ils ont succédé à un autre escadron, venu lui aussi de province ; leur dispositif compte en permanence neuf hommes sur le site ; en vis-à-vis de la villa, dont les hauts grillages ont été recouverts, pour plus de sûreté, de bâches vertes disgracieuses, ils sont cantonnés dans trois *Algeco*, ces baraquements en forme de conteneurs qui servent aux ouvriers et contremaîtres sur les chantiers. Confortablement aménagés et bien chauffés, ils ont été fournis par la famille Radjavi, qui assure également les frais de téléphone. La mission des gendarmes est simple : arrêter tout véhicule qui, dans un sens ou dans l'autre, passe devant la villa, en contrôler les papiers et vérifier le contenu du coffre, faire patienter les visiteurs éventuels qui se présentent aux portes de la villa et prévenir les occupants de leur identité avant de les laisser entrer.

– Au début, explique le lieutenant Hureau, les habitants du quartier avaient d'autant plus mal accepté notre présence ici que nous avions barré cette rue aux deux extrémités ; seuls les riverains, après vérification de leur adresse, avaient en fait le droit de l'emprunter. C'est vrai que c'était gênant. Les pétitions se sont donc multipliées pour demander le départ des Radjavi. Sans succès. Mais nous, nous avons décidé d'alléger notre dispositif, en rétablissant le libre accès à cette rue, tout en maintenant les contrôles. Maintenant, nous avons droit aux sourires et aux amabilités ; c'est que la situation a bien changé : dans le domaine de la petite délinquance, le Val-d'Oise a connu en quelques années l'une des progressions les plus spectaculaires de la région parisienne ; c'est dû à toutes ces bandes qui se sont constituées à Cergy-Pontoise ; et Auvers n'a pas échappé à cette vague : les cambriolages et les dégradations en tout genre s'y sont multipliés. Si bien que les habitants de cette rue seraient aujourd'hui bien embêtés de nous voir plier bagages. Ça se comprend : il n'y a jamais eu le moindre incident dans le quartier depuis que nous sommes là.

La conversation se poursuit dans l'*Algeco* qui sert de PC, juste en bordure de chaussée. Le lieutenant, le maréchal des logis-chef et le gendarme présents sont tous des anciens de la mobile. Ils regrettent un peu l'individualisme des générations actuelles de gendarmes qui, par exemple, passent leur temps libre à écouter de la musique avec leur baladeur, sans jamais venir discuter avec leurs aînés. Et lorsqu'il leur arrive d'être mal logés, ces jeunes rouspètent et vont s'isoler dans leurs chambres, au lieu de se serrer les coudes et de disputer une bonne partie de tarots avec eux. Rien d'étonnant, dans ces conditions, ajoutent-ils, à ce que ces nouveaux gendarmes ne soient plus que 20 % environ à vouloir servir dans la mobile.

De cette constatation désabusée, les aînés passent à leurs conditions de vie en général. Tout n'est pas rose. Rester absent de chez soi plus de deux cent vingt jours par an pose évidemment des problèmes familiaux de taille, à commencer par le temps de réadaptation nécessaire lorsqu'ils regagnent leur foyer ; c'est à ce moment-là que commencent d'ordinaire les problèmes ; ils sont alors souvent perçus comme des intrus par leurs enfants, quand ce n'est pas par leurs propres épouses, tellement habituées à devoir s'accommoder de leur absence et à « tenir la maison » qu'ils ont le sentiment de les déranger lors de ces retours. Mais contrairement à ce que l'on pourrait attendre, il n'y a pourtant que peu de divorces dans leurs couples ; ces séparations ont aussi comme vertu paradoxale de les ressouder.

Pour deux de ces trois-là, l'âge de la retraite arrive à grands pas. Une échéance qui, selon eux, doit impérativement être préparée au moins deux ans à l'avance, si l'on ne veut pas courir à la catastrophe. Ils la voient poindre comme une rupture et tentent donc de s'y préparer du mieux possible. Ils vont en effet passer du jour au lendemain d'un univers clos et hiérarchisé où, somme toute, ils se laissaient un peu porter par la collectivité, à un autre où ils devront tout gérer eux-mêmes. En commençant, ce qu'ils n'osent s'avouer, par apprendre à assumer un quotidien sans camarades autour d'eux ; car sauter ainsi de cette vie en communauté, qui leur convient en fait à merveille, à une vie familiale dont ils ignorent ce qu'elle leur réserve, mais qu'ils craignent, va sans aucun doute les laisser un tant soit peu désemparés. Autre problème, et pas des moindres, le relogement : il est capital de le résoudre du temps où le gendarme est encore en activité. Choisir le moment le plus opportun n'est cependant pas non plus chose aisée :

s'il s'y prend trop tôt, la maison ou l'appartement acquis sera alors considéré comme résidence secondaire par les services fiscaux ; s'il le fait trop tard, il risque en revanche de se retrouver sans domicile, son logement de fonction lui étant retiré dès le premier jour de sa retraite.

Tels sont les soucis de ces gendarmes mobiles blanchis sous le harnais, qui pour rien au monde n'auraient pourtant voulu d'une autre vie. Même pas – et on se demande si, dans leur tête, cela ne signifierait pas « surtout pas » – celle d'un gendarme départemental. C'est ça, la mobile : ou bien on compte parmi ses inconditionnels, et on paie comptant le prix des avanies qu'elle vous fait subir à longueur d'année, ou bien on ne la supporte pas et on passe alors dans la départementale. Et de cela, il n'est pas question pour eux.

À la caserne Mohier de Maisons-Alfort, le lieutenant-colonel Pierre Renault, 41 ans et une foi absolue dans son métier, a quitté pour quelques semaines le commandement de son groupement II/4 de Joué-lès-Tours au profit de celui du Groupement opérationnel de maintien de l'ordre (GOMO) d'Île-de-France. Un GOMO, explique-t-il, est activé dès que trois escadrons au moins sont engagés sur un point précis du territoire ; ce qui est tout le temps le cas à Paris, où l'on dénombre une moyenne de trois mille manifestations annuelles, soit plus de huit par jour. Accompagné de son homologue, le lieutenant-colonel Rieunier, du bureau service-organisation, il fait visiter la salle du PC d'où, justement, est contrôlé à distance le déroulement de ces multiples manifestations. À voir les immenses plans de la capitale placardés sur les murs, le matériel radio et l'équipement vidéo de pointe qu'elle contient, on comprend mieux comment la gendarmerie mobile parvient à suivre en temps réel ce déroulement des manifestations, du moins de celles dont l'importance justifie une telle attention. Si l'on sait de surcroît que ce PC fonctionne en relation permanente avec celui de la préfecture de police, plus efficace encore, paraît-il, on peut alors se demander si, par hasard, gendarmerie mobile et police ne seraient pas en mesure de mettre ainsi à distance un nom sur chacun des participants d'une manifestation ; cela commence à sentir le *Big Brother* que craignait tant le George Orwell de *1984*.

– Mais pas du tout ! s'insurge le lieutenant-colonel Renault. Il n'en a jamais été question. Ce serait d'ailleurs contraire à notre conception de ce que doit être le maintien de l'ordre. Or, par définition, celui-ci consiste à maintenir le bon ordre public, ce qui revient, en temps normal, à faire appliquer la loi, ni plus, ni moins. Avec ses dix-sept mille hommes, la gendarmerie mobile a comme première mission de régler tous les conflits entre le citoyen et les pouvoirs publics. Notre philosophie, très républicaine, est de permettre la libre expression tout en faisant notre possible pour éviter les dérapages et les troubles graves lors de manifestations dûment autorisées. Et s'il faut être résolument offensif au combat et viser la neutralisation de l'ennemi en le détruisant, il faut être au contraire réfléchi et prudent en maintien de l'ordre ; notre action consiste à disperser, voire à neutraliser, mais très rarement à détruire. Ce maintien de l'ordre est la meilleure école du caractère que nous puissions offrir à nos jeunes gendarmes. 75 % d'entre eux passent d'abord chez nous en sortant de leurs écoles de sous-officiers de gendarmerie. En plus de cette formation technique élémentaire qu'ils viennent de recevoir, la mobile leur amène l'opportunité de mûrir au sein d'un encadrement favorable. Comme ils y restent au moins trois ans, en réalité cinq pour la plupart, ils en repartent avec un complément technique et psychologique qu'ils n'auraient pas pu acquérir autrement. C'est une expérience précieuse pour la suite de leur carrière, et même sur un plan strictement humain. De toute façon, il faut être fort dans sa tête pour supporter de deux cent dix à deux cent quarante jours de déplacement par an. Ce sont souvent des missions lourdes et longues dans le temps que nous sommes amenés à conduire, et sur des théâtres où, en cas de pépin, il n'y a que nous pour traiter les urgences au départ. Il en va toujours ainsi outre-mer, par exemple, où le maintien de l'ordre est, de façon conjoncturelle, exclusivement assuré par la gendarmerie mobile ; il n'y a pas de CRS outre-mer, sauf exception lors de voyages officiels du président de la République ou de membres du gouvernement. En ce moment, entre la Nouvelle-Calédonie, la Guyane, la Réunion, Saint-Pierre-et-Miquelon, Tahiti, la Martinique, la Corse et diverses ambassades comme celle d'Alger, nous avons ainsi vingt-trois escadrons d'engagés sur les cent vingt-cinq que compte la mobile. Et un séjour outre-mer ne dure jamais moins de trois mois pour nos hommes. Ce qui veut dire que durant plus de quatre-vingt-dix jours, ils sont d'astreinte en permanence. C'est très difficile, y compris pour les commandants d'escadrons ; entre parenthèses, je peux d'ailleurs vous dire immédiatement, rien qu'en regardant un escadron descendre de l'avion, s'il est ou non bien commandé. Ce métier de mobile est donc passablement usant. Il est soumis à d'énormes contraintes, qui exigent néanmoins patience et retenue. Sur cette maîtrise de la force en maintien de l'ordre, nous sommes cependant imbattables. Seuls, peut-être, les Britanniques nous sont supérieurs, grâce à leur expérience de l'Irlande ; mais ils nous sont supérieurs en rétablissement de l'ordre seulement. Les Américains, eux, n'ont pas d'équivalent de la gendarmerie mobile. Quant aux Italiens et aux Espagnols, ils n'ont pas atteint le degré de maturité qui est le nôtre. Nos gendarmes mobiles ont donc conscience de remplir une mission qu'ils sont les seuls à pouvoir mener à bien. Nous disposons avec eux d'un potentiel humain qui ne demande qu'à se former et à se perfectionner. Et depuis quatre ans maintenant, nous menons une réflexion sur les nouvelles formes de maintien de l'ordre, particulièrement en ce qui concerne la banlieue. Ce problème-là était d'ailleurs le thème de notre réunion annuelle de 1996. Disposer d'une palette de techniques qui permettent de réagir rapidement ne suffit plus, en banlieue ; lorsqu'ils sont amenés à intervenir sur ce genre de terrain, nos hommes y sont maintenant pris à partie en trois dimensions, si je puis dire, puisque nous devons y inclure tout ce qui nous est jeté dessus – quand il ne s'agit pas de coups de feu – à partir des fenêtres des immeubles.

« Mais ce maintien de l'ordre n'est pas notre seule mission. Nous avons aussi en charge la Défense opérationnelle du territoire (DOT) ; c'est vrai qu'en temps de paix, comme en ce moment, cette mission-là passe plutôt au troisième plan, au profit des renforts ponctuels que nous apportons à la gendarmerie départementale. Dès que surgit quelque part une situation problématique, les autorités locales, le préfet la plupart du temps, recourent à nous ; ils le font parfois de façon un peu abusive d'ailleurs.

« Il faut savoir aussi qu'un gendarme mobile en alerte – et il l'est quasiment tout le temps, lorsqu'il se trouve sur son lieu de résidence – doit être capable de partir dans les deux à trois heures, voire une heure et demie, qui suivent l'ordre de départ. Tout le système est fondé sur cette réactivité et cette disponibilité. Dans la nuit même de la mort du préfet Claude Érignac, en Corse, l'escadron de gendarmerie mobile de Châteauroux a ainsi embarqué dans un avion moins de six heures après le coup de feu fatal. Cette réactivité, étendue à cent vingt-cinq escadrons, est unique en France. Ce qui n'empêche pas le commandement d'avoir comme objectif que ces hommes puissent sans cesse se perfectionner. C'est bien pour ça que cette formation professionnelle au maintien de l'ordre est, dans notre esprit, une école de la vie tout court, une éthique doublée d'un apprentissage de la société, si vous préférez. Le gendarme mobile est le témoin d'une situation critique que peut traverser une société ; c'est bien le cas à l'heure actuelle, où 10 % de la société française sont des déshérités. Et, dans ces conditions, une crise aiguë est toujours possible. Auquel cas la gendarmerie mobile, qui représente la force légitime de l'État, est par voie de conséquence l'*ultima ratio* de la République. Oui, son dernier argument, ou son dernier rempart, si l'on préfère. »

Dans un bureau vitré qui jouxte la salle du PC, un major est aux commandes d'une batterie d'ordinateurs et de radios, affairé à une tâche mystérieuse qui semble requérir toute son attention. C'est ici le siège d'*Alpha 3*, le seul gendarme virtuel de France, explique le lieutenant-colonel Rieunier. Sa mission est de répondre immédiatement à toute demande de renseignement émanant d'un responsable de la gendarmerie mobile : sur la circulation, et donc sur les meilleurs itinéraires à suivre pour parvenir le plus vite possible d'un point à un autre, sur les déplacements progressifs d'une manifestation et, de manière générale, sur tout ce qui concerne la logistique d'un escadron en mouvement. *Alpha 3* dispose en outre d'un frère jumeau à la préfecture de police en la personne d'*Alpha 4*, avec lequel il est en relation constante.

D'*Alpha 1* et *Alpha 2*, il n'est pas question. Et pour cause : ils n'existent pas. En revanche, une légende court dans la mobile à propos d'une *Alpha 5* qui, elle, n'aurait rien eu de virtuel ; il s'agirait d'une jeune femme originaire de l'Est de la France, mais pas de Domrémy, qui aurait suivi durant des années les escadrons dans leurs périples et, pleine de compassion pour ces hommes au destin migratoire difficile, leur aurait alors dispensé ses bontés à l'intérieur même des cars. Voilà pour le côté paix du corps. Car au chapitre des groupies de la mobile, une *Alpha 6* se serait également illustrée : une catholique militante, celle-là, prosélyte de choc qui serait longtemps passée de car en car, nuit après nuit, pour y procéder à des distributions de médailles pieuses achetées en gros à Saint-Sulpice. Voilà pour le côté paix de l'âme.

Mais tous les officiers de la mobile jurent, la main sur le cœur, que ce sont là pures légendes.

De leur Palais de justice, les Parisiens ne connaissent en général que la façade, la salle des pas perdus, la Sainte-Chapelle et la Conciergerie, ou bien l'un ou l'autre de ces bureaux de juge où l'on entre marié pour en ressortir divorcé. S'agissant de l'ancienne résidence des rois de

France, il mériterait cependant un peu plus d'attention de leur part. Car, avec ses vingt-quatre kilomètres de couloirs et galeries, dont dix-huit ouverts au public, ses trente entrées dont douze accessibles, ses cinq cents bureaux, ses trois mille fonctionnaires de justice qui y travaillent quotidiennement, ses onze mille avocats inscrits au barreau de Paris qui s'y rendent fréquemment pour plaider, c'est aussi un véritable labyrinthe qui, pour s'y mouvoir dans ses moindres recoins, demande au curieux des mois et des mois de reconnaissance appliquée.

Autre sujet de surprise que réserve ce palais, trois escadrons de gendarmerie mobile, soit un minimum de deux cent vingt-cinq hommes, y sont en permanence affectés ; l'un est chargé de la sécurité extérieure et de celle des audiences, un autre de l'extraction des prévenus ou détenus pour comparution immédiate et un troisième des extractions de cette même catégorie de personnes pour comparution devant les juges d'instruction. Si l'énoncé de cette mission globale est simple, il n'en va pas de même de son exécution. Pour une meilleure répartition et harmonisation de leurs tâches, ces trois escadrons sont donc placés sous l'autorité du bureau militaire du Palais, actuellement commandé par le lieutenant-colonel Courduries, de la Garde républicaine.

Détaché de Blois avec son escadron pour une période d'environ quatre semaines, le capitaine Janus a lui-même plusieurs missions, qui nécessitent le maintien quotidien au Palais de soixante-dix de ses hommes : la police des audiences ; les extractions matinales de détenus d'une prison, leur convoyage jusqu'au Palais et leur retour en fin d'après-midi vers cette même prison ; ces extractions sont d'ailleurs classées en trois catégories, selon le degré de dangerosité du détenu, les plus redoutables étant ceux de la première, à savoir les « détenus particulièrement surveillés » (DPS), tels que Carlos, les terroristes du GIA algérien ou encore les membres de mouvements nationalistes basques ou corses, tous « DPS » qui font l'objet d'une surveillance et d'une escorte renforcées ; autres missions : le bon fonctionnement de la « souricière », ce local situé au sous-sol du Palais, où sont rassemblés les détenus qui doivent passer devant un juge d'instruction ou en audience, ce qui, outre le personnel pénitentiaire, requiert cinq gendarmes mobiles ; le fonctionnement du « dépôt », où les détenus pris en flagrant délit attendent leur passage en audience ; enfin, la présentation des prévenus à l'un des soixante juges d'instruction du Palais. Géré par la gendarmerie mobile, le Bureau d'instruction centralise les demandes de ces juges et amène détenus ou prévenus vers ceux qui lui sont désignés. Une activité qui mobilise trente-cinq hommes à elle seule. Rassemblés dans une salle réservée, d'un dénuement monacal, ils y attendent, eux, les ordres d'amener qui leur sont transmis par haut-parleur. Il arrive que, entre deux détenus à escorter jusqu'à tel ou tel bureau, cette attente soit longue ; mais si l'on veut rester attentif aux instructions données, il n'est pas question de se lancer dans une partie de cartes, ou toute autre activité distrayante ; les jeunes ont de toute façon souvent autre chose à faire, en particulier ceux qui viennent juste de sortir d'une école de sous-officiers de gendarmerie et qui doivent encore, s'ils veulent obtenir leur deuxième galon, celui qui les consacre définitivement gendarme, réviser les matières de leur certificat d'aptitude technique (CAT), un contrôle continu qui s'étale sur deux ans. Et travailler dans des conditions semblables n'est pas ce qu'il y a de plus commode.

Bref, dans ce Palais de justice, en définitive, tout le monde attend. Tout n'y est cependant pas qu'attente ; comme l'affirme le capitaine Janus, « il s'y passe toujours quelque chose ». À commencer par les incidents qui ont émaillé, la veille, la séance consacrée à la 17e chambre correctionnelle au procès de Roger Garaudy, accusé par plusieurs associations d'avoir tenu dans son ouvrage *Les Mythes fondateurs de l'État d'Israël* des propos racistes et antisémites. Des témoins favorables à Garaudy, qui ne s'était d'ailleurs pas présenté à l'audience, ont été attaqués et sévèrement rossés à leur sortie de la salle par des membres du Betar, une organisation de jeunes extrémistes juifs.

– Ils étaient arrivés l'un après l'autre à l'intérieur du Palais, raconte le capitaine Janus, pour ne pas attirer notre attention. Puis, au fur et à mesure que ces témoins sortaient, ils leur sont tombés dessus en les prenant séparément. Leur coup était bien préparé et ils agissaient comme un véritable commando, en se communiquant les instructions par talkie-walkie ou par téléphone portable. Dès qu'ils en avaient massacré un, ils disparaissaient et allaient se « désilhouetter [1] » un peu plus loin, dans un couloir, avant de revenir et de recommencer. Et tout ça avec une rapidité qui nous a stupéfiés.

Venu de Sélestat, le lieutenant Patoux s'occupe quant à lui des retenus du Bureau 35 B ; ce terme de « retenu » désigne en fait les étrangers en situation irrégulière qui doivent comparaître devant un juge appelé à statuer sur leur cas. Perchée dans les hauteurs, au fin fond d'un dédale d'escaliers, la salle d'attente du Bureau 35 B déborde ce jour-là d'Asiatiques, de Roumains et d'Égyptiens. Passe de temps à autre en coup de vent un avocat pour donner un conseil à l'un d'entre eux. Au moins cette qualité de retenus a-t-elle déjà comme première conséquence de leur éviter d'être menottés. En ce qui concerne leur futur proche, ils ne doivent cependant pas se faire trop d'illusions : depuis bientôt un an, la cour d'appel confirme le jugement de première instance dans 97 % des cas ; et, contrairement à ce qui se passait auparavant, tous les arrêts de la cour de cassation sont désormais favorables à l'État : les « retenus » ne méritent plus vraiment ce substantif.

Au rez-de-chaussée, la 8e section du parquet est le domaine du major Courtois. En fait de domaine, c'est d'une cour des miracles qu'il s'agit : dans cette longue et haute salle, sinistre à souhait, deux bancs d'une dizaine de mètres chacun et disposés dos-à-dos accueillent prévenus et détenus en attente de passer soit devant l'une des chambres correc-

1. Modifier son apparence en changeant de vêtements ou d'accessoires vestimentaires.

tionnelles, soit devant la cour d'appel ou encore devant le tribunal pour enfants, soit d'être présentés aux substituts des 8e et 12e sections, ou bien enfin de se voir notifier un mandat de justice. Ce qui, au total, fait pas mal de monde. Tous les prévenus arrivent du dépôt, et ceux du matin sont appelés à passer dans l'après-midi même à la 23e chambre correctionnelle, en comparution immédiate. Dealers et toxicomanes constituent le plus gros de ces délinquants ; de temps à autre, un drogué en manque se met d'ailleurs à hurler ou à se tordre par terre, sans que quiconque puisse intervenir de façon efficace. Les plus décharnés sont immanquablement atteints du sida ; d'où le soin extrême que les gendarmes apportent à la fouille de ces malades, de crainte d'être contaminés par quelque piqûre ou morsure. Au major Courtois, aussi, de veiller à ce que les avocats commis d'office pour défendre ces particuliers ne s'éclipsent pas en laissant leurs clients en plan. Ce qui est déjà arrivé à plusieurs reprises ; désormais payés à la journée, et non plus à la visite, ces avocats commis d'office ne sont plus très enclins à faire du zèle. Qu'il faille la vigilance d'un major de gendarmerie mobile pour les rappeler à leurs devoirs les plus élémentaires, parfois de façon énergique, ne manque pas de sel.

C'est donc une tâche bien souvent délicate qui attend ce gendarme mobile au Palais. Il lui faut faire preuve de diplomatie aussi bien avec les magistrats qu'avec les avocats, voire les prévenus. Si les relations sont excellentes avec la plupart des magistrats, certains d'entre eux souffrent néanmoins de phobies bénignes qu'il vaut mieux connaître. Ainsi de ce juge d'instruction qui ne supporte pas, dans son bureau, le bruit des menottes lorsqu'elles se referment sur les poignets : « Gendarme, faites ce que vous voulez, mais, de grâce, épargnez-moi ce bruit ! » Il suffit de le savoir et d'agir alors en conséquence, ce qui, dans ce cas précis, n'est pas chose aisée – des menottes en coton feraient certes mieux l'affaire ; on peut aussi se demander pourquoi diable choisir une profession où le claquement des menottes qui se referment fait partie de l'environnement sonore quotidien. Plus délicates sont parfois ces relations avec quelques avocats ; certains d'entre eux essaient de temps à autre de passer par l'entrée réservée aux professionnels, dont ils font partie, accompagnés soit d'un membre de leur famille, soit de leur client, ce qui n'est plus du tout réglementaire. Au gendarme de garde d'user alors de courtoisie et de fermeté pour le dissuader dans son entreprise. Le lieutenant Patoux a cependant connu plus désagréable en subissant le courroux d'un avocat auquel il venait de demander, avec toute la politesse requise en pareille circonstance, de ne pas fumer dans l'une des galeries du Palais, comme les panneaux d'interdiction le rappellent à l'envi ; ulcéré de cette intervention, l'avocat s'est alors mis à l'insulter de façon non seulement grossière, mais en mettant en cause l'attitude de l'ensemble de la gendarmerie durant la guerre d'Algérie, à laquelle il reprochait avec véhémence d'être restée légitimiste lors du putsch des généraux. Rien que ça ! Sagement, le lieutenant a laissé passer l'orage sans répondre à ce personnage vindicatif, mais n'en a pas moins fait un rapport au commandant du Bureau militaire du Palais pour relater l'incident. Ce genre d'accrochage est heureusement rarissime ; l'intérêt bien compris des magistrats, avocats et gendarmes est évidemment de coopérer le plus étroitement possible dans l'accomplissement de leurs tâches respectives.

Quant aux relations des gendarmes avec les détenus et prévenus, elles sont plutôt bonnes, les seconds appréciant à sa juste valeur la politesse des premiers. Là encore, il y a bien sûr des exceptions ; deux jours auparavant, à l'énoncé d'un jugement de correctionnelle qui le condamnait à deux mois de prison ferme pour vol à la tire, un jeune prévenu s'est subitement retourné pour frapper le gendarme de garde derrière lui. Dès le lendemain, à l'issue de sa comparution immédiate à la 23e chambre, où il venait d'écoper de dix mois fermes supplémentaires pour ce geste, il répondait au lieutenant Patoux, qui lui demandait s'il était satisfait des conséquences de son impulsivité : « Et comment ! En prison, au moins, je vais pouvoir me droguer sans problèmes. » C'est un point de vue. Mais comment va-t-il faire pour se procurer l'argent nécessaire à l'achat de drogue ?

– C'est justement là que le système est pervers, répond le lieutenant. En réalité, il n'aura rien à payer durant toute la durée de sa détention ; ce n'est qu'après sa sortie que ses fournisseurs exigeront le montant de ce qu'il aura consommé pendant ces quelques mois. Et pour les payer, il n'aura pas d'autre choix, alors, que d'en passer par leurs quatre volontés et de replonger aussitôt dans la délinquance. À la différence près que, cette fois, ce ne sera certainement plus un petit vol à la tire... Mais ça, peu de gens le savent. C'est aussi l'une des raisons pour lesquelles, ici, au Palais, il est plus qu'ailleurs impératif de laisser nos états d'âme à la maison.

Le capitaine Plazanet n'a pas, lui non plus, une mission qui lui permette des états d'âme. Cantonné avec son escadron, le XVI/6 d'Orange, dans les locaux neufs de la caserne de Dugny, aux normes de confort équivalentes à celles d'un hôtel de type *Formule 1*, il est chargé de l'extraction des retenus du Centre de rétention administrative du Mesnil-Amelot et de la reconduite aux frontières de ceux d'entre eux qui se trouvent sous le coup d'une mesure d'expulsion. Une mesure qui peut parfois prendre un certain temps avant de pouvoir être mise à exécution ; pas trop cependant, puisque la durée légale de rétention des étrangers en situation irrégulière est de seulement douze jours, au terme desquels ces étrangers sont relâchés si aucune décision administrative ou judiciaire n'a encore été prise à leur sujet. L'escadron du capitaine Plazanet a donc également comme mission, selon les cas : d'assurer l'escorte des retenus dans les diverses représentations diplomatiques susceptibles de reconnaître la citoyenneté de leurs ressortissants, puis, quel que soit le résultat de cette démarche, de les ramener au Centre de rétention ; de les présenter devant les tribunaux administratifs ou judiciaires de la région parisienne et, suivant la décision prise alors par le tribunal, soit de les libérer sur place, soit de leur faire réintégrer les locaux du Centre de rétention ; enfin, d'amener à l'hôpital de Meaux ceux des retenus trop malades pour être soignés à l'infirmerie du Centre de rétention et, sur place, d'en assurer la surveillance.

Fils de général de gendarmerie, le capitaine Plazanet a pourtant commencé sa carrière militaire dans l'armée de terre. Jusqu'à ce qu'il s'y ennuie et opte en fin de compte pour la gendarmerie. La diversité des missions, en mobile comme en départementale, les temps de commandement, trois ans à la tête d'un escadron, trois ans à celle d'une compagnie, plus l'autonomie dont bénéficie l'officier qui exerce ces commandements, l'ont depuis convaincu du bien-fondé de ce choix.

À quelques centaines de mètres de la zone aéroportuaire de Roissy-Charles-de-Gaulle, le Centre de rétention administrative du Mesnil-Amelot ne donne pas, de prime abord, l'impression de pénétrer dans un quelconque univers carcéral. Ses bâtiments construits en rez-de-chaussée en sont modernes et fonctionnels, à l'image de ceux que l'on trouve à la périphérie de toutes nos grandes villes. Nul ne songerait à se rendre ici pour le seul plaisir, c'est évident.

Il fallait s'y attendre, le repas de « service » offert aux visiteurs est conforme aux usages de la mobile. Le capitaine Fohrer, qui commande l'escadron XXV/9 de Creil, chargé de la surveillance du Centre de rétention, tient lui aussi à cette tradition ; ce n'est pas encore aujourd'hui qu'il aura à convoquer le gérant ; et si celui-ci fait une apparition en fin de repas, c'est pour recevoir les compliments des invités, qu'il accueille avec un sourire épanoui. Monsieur Haas, le directeur civil du centre, se lève à cet instant pour aller discuter avec les occupants d'une table, également civils. Des membres de la Cimade, explique le capitaine Fohrer, qui disposent ici d'un bureau permanent. Organisme privé destiné à l'entraide des personnes déplacées ou réfugiées, la *Cimade* (Comité inter-mouvements auprès des évacués) fut fondée en 1939 pour venir en aide aux

Alsaciens et Lorrains évacués dans le sud de la France ; très vite, elle orienta son action contre les lois racistes adoptées par Vichy ; d'avatar en avatar, la voici qui se consacre aujourd'hui aux personnes démunies de ressources en provenance des pays en voie de développement. Ce n'est un secret pour personne, sa démarche générale ne relève pas de celle d'un organisme progouvernemental, loin s'en faut. S'il y a matière à critiquer, la Cimade critique et le fait savoir haut et fort. Sa présence ici, où ses représentants conseillent dans leurs démarches les étrangers en situation irrégulière, souvent par l'intermédiaire d'avocats qu'elle rémunère elle-même, est donc la meilleure garantie que tout s'y déroule conformément à la loi, ce qui ne signifie pas pour autant qu'elle approuve celle-ci ; que ses membres partagent, eux aussi, ce repas de l'escadron semble, quoi qu'il en soit, un gage de bonne entente avec les gendarmes. Ce que ne démentent ni le capitaine Fohrer, ni monsieur Haas, au contraire ; synonyme de la plus extrême vigilance en matière de droits de l'homme, la Cimade assure en outre à ces immigrés une assistance qu'il n'entre pas dans la mission de la gendarmerie de fournir et dissipe désormais vis-à-vis de l'extérieur la plupart des malentendus relatifs à l'organisation et au fonctionnement du Centre de rétention. Car des malentendus, il y en a eu, et il y en a encore.

– La preuve en est, déclare monsieur Haas, que lorsque la télévision montre des images du Centre, c'est toujours des anciennes installations qu'il s'agit. Comme si celui-ci n'existait pas.

Et monsieur Haas d'entraîner ses visiteurs à sa suite pour leur faire découvrir ce fameux Centre de rétention administrative.

– Ce n'est pas un fait exprès, s'excuse-t-il en pénétrant dans l'un des pavillons, mais nous n'avons en ce moment que trente-huit personnes pour une capacité globale de cent quarante. Depuis que l'Italie applique les accords de Schengen, nous avons beaucoup moins d'Albanais, de Roumains et même d'Africains qu'auparavant.

Passant devant un petit groupe de Sénégalais qui discutent en wolof, il ouvre tour à tour plusieurs chambres, comme pour bien montrer qu'elles sont toutes individuelles et meublées à l'identique, c'est-à-dire de façon spartiate, puis passe à la salle de douches – « ils peuvent en prendre autant qu'ils le désirent » –, ouvre ensuite la salle de prière réservée, dans chaque pavillon, aux musulmans pratiquants, tout en énumérant les prestations auxquelles ont droit ses « hôtes » de passage : trois repas quotidiens, préparés par une société de restauration extérieure, une cabine téléphonique à cartes, autant de visites qu'ils le souhaitent et, bien entendu, une infirmerie. Lumineuse et bien équipée, celle-ci est le domaine exclusif de madame Bargain.

– Mon premier souci vient de ceux qui arrivent ici aussitôt après avoir été détenus, confie-t-elle. Ceux-là me demandent toujours des tranquillisants ; et quand je dis « demandent », le mot est faible : il supplient, plutôt, pour que je leur en donne. Au début, je ne comprenais pas vraiment pourquoi, jusqu'à ce qu'eux-mêmes m'en donnent la raison : c'est parce qu'on leur en fait prendre des quantités en prison, tout ça pour avoir le moins d'ennuis possibles avec eux. La solution de facilité, quoi. Le but, pour moi, c'était donc de les désaccoutumer. J'ai fait alors une expérience, en leur donnant un placebo à la place des tranquillisants ; et 60 % de mes patients s'en déclarent aujourd'hui satisfaits. Pour les autres, je ne leur en accorde que si, visiblement, ils en ont besoin. Quant aux problèmes qui dépassent ma compétence, je m'en remets au médecin du SMUR (Service médical d'urgence) de l'aéroport de Roissy.

– Là, elle veut parler de son mari, complète monsieur Haas en souriant. C'est lui le médecin des urgences à Roissy : le docteur Bargain. Philippe Bargain.

Philippe Bargain... « Bon Dieu ! mais c'est bien sûr ! » Le médecin de Roissy qui a fait l'objet de plusieurs reportages télévisés. Un petit bonhomme d'une vivacité étourdissante, qui racontait avec une incroyable verve l'envers de l'aéroport, tout un monde complètement ignoré du voyageur, peuplé d'une kyrielle de paumés, et pas seulement du petit matin, dont il parlait avec une telle chaleur qu'il nous les rendait tous plus attachants les uns que les autres ; il assimilait son travail à celui du docteur Destouches, ce « médecin des pauvres » du dispensaire de Clichy, dont il disait être l'admirateur inconditionnel ; un docteur Destouches plus connu en littérature sous le nom de Louis-Ferdinand Céline. Est-ce en raison de cette référence ou bien de la notoriété que lui avaient valu ces reportages, toujours est-il que le docteur Bargain a depuis été la cible d'une attaque en règle de quelques confrères peut-être dépités par ses propos, qui ne ménageaient pas l'institution, il est vrai, mais plus sûrement envieux tout court. Et que ces chers confrères ont bien failli avoir sa peau... Mais ne l'ont pas eue, en définitive, heureusement pour tous ceux qui, un jour ou l'autre, auront affaire à lui, entre deux avions ou sous prétexte d'un bobo quelconque. « Vaut le déplacement », comme indiqué dans les guides sérieux.

En repassant devant le groupe de Sénégalais, monsieur Haas s'arrête pour parler avec l'un d'eux, apparemment le plus âgé. « C'est le chef, dit-il à son retour. Dans chaque pavillon, allez savoir comment, il y a toujours un chef, comme ça, qui s'impose spontanément, surtout chez les Africains, d'ailleurs. C'est souvent quelqu'un qui en est à son deuxième ou troisième séjour ici. Et avec lui, ceux qui veulent jouer aux petits soldats ne le font pas longtemps, croyez-moi : s'ils refusent de se lever pour l'appel du matin, ils ne le font qu'une fois ; le lendemain, ils y sont, à l'appel, et sans que nous ayons à nous en mêler. Ça nous arrange bien, dans le fond... »

À Maisons-Alfort, le lieutenant-colonel Pierre Renault évoque les moments forts de sa carrière. Le premier, entre 1992 et 1995, au cours duquel il a servi comme aide de camp de deux ministres successifs de la Défense, Pierre Joxe et François Léotard. « Un poste très peu commun en gendarmerie, dit-il, et surtout un poste très usant : on vit au rythme du ministre, avec de très grosses astreintes ; là, ce n'est même plus la peine de parler de vie de famille. Mais il n'est pas question de refuser un tel poste ; c'est exceptionnel, pour un officier, de travailler à ce niveau-là. Et pourtant, je n'étais pas volontaire... » Et puis, de mai à octobre 1997, il y a eu aussi ce séjour en Bosnie, où il a commandé le détachement de gendarmes français, tout en étant l'adjoint du général français qui commandait alors la division de la force multinationale onusienne du sud-est, dont le PC était à Mostar :

– Une mission exceptionnelle, dit-il avec fougue, qui m'a permis de connaître une double expérience : l'expérience prévôtale, d'abord, qui est l'un des aspects particuliers de la gendarmerie, mais aussi l'un des tout premiers sur le plan historique ; cela m'a permis, comme coordinateur des contingents de police de la division – trois cent quatre-vingts hommes de six contingents de nationalités différentes – d'aborder le cadre juridique prévôtal et aussi de me frotter à la culture militaire de l'armée de terre. Il faut aller chercher dans son acquis professionnel pour pouvoir analyser et gérer les situations. Une expérience de mise en situation, ensuite, dans un pays qui émergeait d'une guerre civile dévastatrice, au cours de laquelle les amis de la veille se massacraient entre eux. On est subitement plongé dans un pays de très forte culture européenne en proie à une crise gravissime. Un pays démoli, dont la société est désorientée, où les tensions sont très vives, et où la communauté internationale avance à pas feutrés. J'y ai découvert les opérations extérieures de grande envergure, dans lesquelles le gendarme doit s'intégrer avec ses deux points forts : être parmi les très rares forces militaires habituées à travailler avec les sociétés civiles, et faire son métier, rien que son métier, en conformité avec les lois qui régissent son action... C'est pour ça que le modèle du gendarme français s'exporte aussi bien ; parce que ce gendarme, qu'on le veuille ou non, travaille beaucoup par philanthropie... Nous avons vécu là-bas six mois d'une vie particulière, où nous étions relativement isolés et où nous devions faire preuve d'esprit de corps et de facultés d'adaptation. Cet esprit de corps, cet esprit collectif, dans la gendarmerie, est justement plus fort que partout ailleurs. Et surtout dans la gendarmerie mobile. Vous pourrez d'ailleurs vous en rendre compte vous-même si vous allez à Satory... Ça vaut le coup de le faire. Ne ratez pas ça !

5

Les gens du plateau

Le Groupement de sécurité
et d'intervention de la gendarmerie nationale[1]

Aux confins de l'Essonne et du Loiret, en bordure de la nationale 20, le lieu-dit Mondésir ne peut même pas prétendre à l'appellation de hameau, et encore moins à celle de village. Quelques bâtiments à-demi en ruine, sortes de vestiges d'usine désaffectée, sans plus le moindre carreau à leurs fenêtres, arborent leur décrépitude comme un emblème sinistre ; une pluie incessante, sur fond de crépuscule hivernal, ne fait que rendre l'ensemble encore plus lugubre. Qui braverait son appréhension pour s'en approcher finirait cependant par y distinguer, de-ci, de-là, des ombres évoluant sur les corniches de ces bâtiments ou entre les arbres aux branches décharnées qui semblent implorer le ciel et, dans un effort pathétique, tentent de faire croire à quelque site d'où toute vie n'aurait pas encore été bannie.

Or, non seulement toute vie n'en a pas été bannie, mais ces ombres sont celles de membres de l'une des trois unités de choc de la gendarmerie : le Groupe d'intervention de la gendarmerie nationale (GIGN), l'Escadron parachutiste d'intervention de la gendarmerie nationale (EPIGN), et enfin le Groupe de sécurité de la présidence de la République (GSPR), qui dépendent tous trois du Groupement

1. Pour des raisons de sécurité, tous les noms des officiers et des sous-officiers des unités du GSIGN ont été changés.

de sécurité et d'intervention de la gendarmerie nationale (GSIGN), basé à Satory, près de Versailles. Mondésir, isolé en pleine campagne, est l'un de leurs terrains d'entraînement favoris – ce qui donne l'impression, certains jours, de s'être fourvoyé dans quelque coin d'un pays en pleine guerre civile, tant les balles, bien trop réelles, sifflent dans tous les sens –, où se déroule également une partie des tests que passent les candidats désireux d'intégrer l'une de ces trois unités. Ce qui est le cas aujourd'hui, avec des épreuves de sélection réservées à ceux qui sont volontaires pour intégrer l'EPIGN.

Arrivés l'avant-veille en fin d'après-midi à Satory, ils étaient alors soixante à rêver d'entrer dans cette unité prestigieuse ; il n'en reste plus qu'une quarantaine après les tests de la veille. À l'issue de ce parcours « Audace », qu'ils sont en train d'effectuer, il faudra encore revoir ce chiffre à la baisse ; deux d'entre eux ont déjà dû abandonner : l'un pour cause de grippe, l'autre pour cause de piqûre d'araignée qui a eu pour conséquence de faire doubler sa main droite de volume ; pas de chance pour eux, ils sont éliminés au même titre que ceux qui, après plusieurs essais, ne sont pas parvenus à franchir l'un ou l'autre des obstacles de ce parcours. Un parcours « Audace » qui a bien mérité son nom : progresser sur des corniches glissantes, escalader, à l'aide d'une seule corde, un mur vertical lui aussi glissant, marcher sur un filin tendu entre deux arbres, descendre dans des buses dont les parois vous compriment les épaules, remonter sur le toit pour s'en élancer, accroché à une poulie, vers un point situé au sol, une trentaine de mètres plus loin, et ainsi de suite jusqu'à ce que les moniteurs vous disent que vous êtes bon... pour le prochain test, ce qui semble ici figures de style à l'usage exclusif de masochistes convaincus n'est pourtant que zakouski à côté de ce qui attend plus tard ces pauvres diables. Au pied du mur, vraiment très vertical, où stationne d'ailleurs une ambulance chargée d'évacuer les éventuels blessés – ça donne le ton –, un candidat s'élance pour son troisième essai : tout rouge, il tire sur la corde en ahanant, réussit à grimper un mètre, deux, trois, souffle et... retombe sur le sol en se tenant le ventre. Les moniteurs le laissent récupérer, puis l'encouragent à recommencer. Ce n'est qu'à la cinquième tentative qu'il parviendra, avec un hurlement libérateur, à opérer un rétablissement victorieux au faîte de cette maudite paroi. Deux de ses camarades, eux, devront y renoncer. Ils regagneront demain leurs unités respectives, un peu déçus, certes, mais néanmoins satisfaits d'avoir tenté leur chance. Qui sait, peut-être même se représenteront-ils à la prochaine session, c'est-à-dire dans six mois ou dans un an, selon que l'EPIGN aura ou non besoin d'étoffer alors ses effectifs, ou bien de remplacer ceux qui, touchés par la limite d'âge, devront le quitter.

Tandis que les rescapés du parcours « Audace » sont ramenés en car vers Satory pour y prendre un repas express avant d'affronter une nouvelle épreuve, les moniteurs du stage, une vingtaine de gendarmes de l'EPIGN, se réunissent dans l'un des deux bâtiments « à vivre » de Mondésir, dans une salle spartiate où leur est servi un dîner de fortune, quelconque mais abondant. Pas question de lambiner ; il leur faut encore préparer le parcours de nuit que doivent accomplir les candidats. Vite, vite, tout le monde s'engouffre dans les voitures, uniquement de puissants modèles banalisés, tous récents et parfois immatriculés dans des départements éloignés. Pas d'antenne autre que celle, standard, de la radio de bord ; nul ne doit supposer, en les croisant ou en les voyant dans ses rétroviseurs, qu'il pourrait s'agir là de véhicules de gendarmerie. Car la mission d'appui et de soutien du GIGN et du GSPR n'est pas la seule de l'EPIGN ; aux côtés d'autres forces militaires, il assure également la sécurité des intérêts français à l'étranger – depuis sa création, il s'est trouvé engagé sur tous les points chauds du globe, dans une trentaine de pays –, de même que la protection de certaines personnalités ; enfin, son rôle dans la lutte contre la criminalité, par l'observation et le renseignement, est devenu au fil des années de plus en plus important.

La pluie a redoublé et la circulation aussi ; en quelques minutes, le pare-brise est maculé, ce qui ne semble en rien déranger le pilote, le gendarme Denoyer. Il file au maximum des possibilités conjuguées de la voiture et de la route, mais avec une telle sûreté que ses passagers n'en éprouvent aucune crainte ; les cours spéciaux qu'il a suivis, sanctionnés par un « brevet de conduite rapide », ont porté leurs fruits. Patrick Denoyer parle de son « boulot » : au contraire de bon nombre de ses camarades qui passent la plupart de leur temps en mission à l'étranger – l'un des passagers est d'ailleurs en instance de partir pour le Venezuela –, dans les missions diplomatiques françaises dont ils ont la garde, lui travaille essentiellement pour le Groupe d'observation et de renseignement (GOR), créé en 1993 au sein de l'EPIGN pour épauler la gendarmerie départementale en général et les Sections de recherches en particulier dans certaines de leurs tâches, comme les filatures ou la localisation d'individus, ou la « nomadisation », c'est-à-dire l'observation prolongée d'une région telle que le Pays basque, par exemple ; des stages commando de conduite et de dissimulation en font des techniciens polyvalents par tout temps et en tout lieu, de jour et de nuit, en France ou dans les DOM-TOM, voire, sur commission rogatoire, à l'étranger. Leur autonomie sur le terrain est totale.

– Il faut toujours être seul dans son véhicule si l'on veut passer inaperçu, dit le gendarme Denoyer. Si un truand voit deux personnes dans une voiture derrière lui, il ne se pose pas de question : pour lui, ce sont des flics. Les filatures, c'est un art qui s'apprend et qu'on peut perfectionner à l'infini. Quatre ans maintenant que je ne fais quasiment que ça... J'ai parfois des filatures qui me prennent quinze jours ; j'en ai même eu une, dans une affaire de drogue, qui a duré six semaines au total, mais qui a permis d'interpeller onze trafiquants, et pas des petits. Six semaines sans rentrer chez moi ni voir mes gosses, évidemment... Alors je commence non pas à en avoir marre, mais à éprouver une certaine lassitude. C'est pour ça que j'ai demandé à être affecté à un autre service de l'EPIGN.

Un détour par le plateau – les gendarmes parlent plus

volontiers du « plateau » que de Satory – et la voiture repart en direction de Bièvres. Sur l'A 86, c'est le bouchon vespéral habituel, encore aggravé par la pluie ; personne n'avance. Le gendarme Denoyer maugrée : attendre que la situation se débloque équivaudrait à arriver en retard. Impossible. Contrarié de devoir en arriver à pareille extrémité, il sort malgré tout un gyrophare de dessous son siège, le place au-dessus du tableau de bord, le met en marche et, en se rabattant peu à peu vers sa droite, va emprunter la bande d'arrêt d'urgence. Une expérience qu'il n'y a pas lieu de regretter de n'avoir pas faite ; qu'un seul de ces automobilistes tous plus ou moins énervés en fasse autant devant et la collision est garantie. Quelques minutes de suspense désagréables et les résultats sont là : le lieu de rendez-vous a été atteint en temps voulu. La voiture stoppe derrière un autre véhicule et une moto, eux-mêmes arrêtés devant une barrière métallique, à l'orée d'une forêt ; planté sur le côté droit, un écriteau précise qu'il s'agit d'un terrain militaire dont l'accès est interdit aux promeneurs ; mais qui, par un temps pareil et en pleine nuit, aurait l'idée de venir se fourvoyer sur un terrain militaire ? Eh bien, le chauffeur de l'autre véhicule et celui de la moto, par exemple, qui ressortent du bois, se serrent la main et s'en vont chacun de leur côté, après une manœuvre de Patrick Denoyer pour leur laisser le passage.

– C'est le même scénario chaque fois que nous débarquons ici, soupire le gendarme. Ce bois est devenu l'un des coins les plus fréquentés par les homosexuels des environs. Rien ne les retient, ni la pluie, ni la neige, ni, encore pire, la crainte d'un mauvais coup. Et pourtant, dans cette forêt de Bièvres, c'est bien ce qui pourrait leur arriver un jour ou l'autre... Lorsqu'ils nous voient, quand même, ils ne traînent pas trop : les tirs de nuit, ils n'aiment pas. Tenez, regardez, en voilà deux autres qui arrivent.

Deux voitures abordent en effet le virage qui mène à l'entrée du bois. En apercevant un véhicule occupé en stationnement devant la barrière, leurs conducteurs comprennent immédiatement de quoi il retourne et font demi-tour. Arrive ensuite un Trafic de la gendarmerie dont le chauffeur descend et déverrouille la barrière ; un kilomètre de chemin forestier plus loin, tout le monde descend. On n'y voit rien. Gadoue et tapis de feuilles mortes pourries sont aussi glissants que du verglas. Ça promet, pour les stagiaires.

Les derniers préparatifs de la « fête » se font à l'intérieur d'un hangar bétonné qui fait partie d'un fort abandonné de la Première Guerre mondiale. Aux murs, des graffiti font l'éloge de l'homosexualité, soit par des dessins dont le dénominateur commun est le priapisme exacerbé des sujets qu'ils mettent en scène, soit des poèmes déchirants, mais laborieux, sur le grand amour perdu, soit, enfin, des incantations de prosélytes attirant l'attention de l'humanité masculine entière sur ce qu'elle perdrait si, par malheur, elle venait à mourir sans avoir connu l'extase suprême. En réalité, c'est exprimé de façon beaucoup plus crue. Ce n'est pas Lascaux. Il y a, à voir ces hommes de l'EPIGN, troupe de choc par excellence, s'affairer à la seule lumière de quelques lampes torches dans cette espèce de grotte consacrée temple de l'homosexualité, quelque chose de cocasse, sinon d'hilarant. Ce dont ils se fichent éperdument. Une fois ces préparatifs terminés, il ne leur reste plus qu'à en vérifier le bon ordonnancement et procéder à une reconnaissance du parcours avant que n'arrivent les candidats.

Balisé par des plots lumineux bleus, espacés entre eux de quelques dizaines de mètres, à peine visibles tant les conditions météorologiques sont mauvaises, ce parcours consiste donc, en partant d'un point donné, à rallier l'arrivée en se déplaçant d'un plot à l'autre. Et c'est tout ? Bien sûr que non. Tout au long du parcours ont en effet été prévus différents « ateliers », qui sont autant de difficultés à franchir pour les candidats. Ce terme d'atelier fait immanquablement songer à quelque aimable activité manuelle plus ou moins artistique, en vogue dans certaines maisons de retraite. Ce n'est pas, mais alors pas du tout, dans cette acception que l'entendent les concepteurs des ateliers de ce parcours. N'était la nécessité absolue de procéder d'emblée à une sélection draconienne fondée sur la condition physique et le courage des postulants, ces ateliers pourraient sembler tout droit sortis de l'imagination de quelques esprits tordus cultivant le sadisme avec délectation. Passe pour le franchissement, sans aucun secours extérieur, d'une paroi métallique de 2,50 mètres de hauteur, ce qui, avec cette pluie, promet malgré tout quelques belles chutes ; passe encore pour le franchissement de poutrelles métalliques, tout aussi glissantes, à trois mètres au-dessus du sol ; passe toujours pour l'étroite buse de cinq à six mètres de long, dont l'emprunt, obligatoire pour accéder à l'atelier suivant, laisse présager une violente crise d'angoisse chez les claustrophobes qui s'ignorent ; ces ateliers ont au moins l'honnêteté de se présenter de manière loyale à celui qui les aborde : pas faciles à franchir, surtout par cette nuit d'encre, mais pas, non plus, de vice dissimulé chez eux. Il n'en va pas de même pour certains, où le piège s'ajoute à la difficulté : coups de feu – avec balles à blanc – tirés sur le stagiaire qui vient de passer un obstacle pour tester ses réactions, ou bien agression de ce même innocent par deux hommes de l'EPIGN au détour d'un souterrain, le but étant pour eux de le forcer à s'agenouiller ; s'ils y parviennent, c'en est fini des espoirs du candidat. Voilà ce qui s'appelle un début de véritable sélection.

La reconnaissance du parcours s'achève lorsque, cahin-caha, arrive un camion au plateau grillagé sur toute la hauteur, dont s'échappent de furieux aboiements. Les chiens ! Le voici donc, le clou du spectacle. Et les maîtres-chien de débarquer, accompagnés d'une dizaine de malinois et de bergers allemands dont ils semblent avoir toutes les peines du monde à contenir la fougue ; des chiens venus d'unités de l'armée de terre, ceux de l'EPIGN, spécialisés dans la détection des explosifs, étant considérés comme « trop gentils » selon Patrick Denoyer. « Tandis que ceux-ci, poursuit-il, sont encore capables, même muselés, de donner de méchants coups de boule dans la tête ou les parties génitales de celui qui s'en approche un peu trop. » Le metteur en scène leur a donc tout naturellement réservé ce soir un rôle de méchants : par roulements, deux d'entre eux vont se poster, avec leurs maîtres-chien respectifs et deux hommes de l'EPIGN, au sommet d'une déclivité située un peu avant la sortie du souterrain, déclivité que les candidats vont tout à l'heure aborder l'un après l'autre par le bas et, bien entendu, dans le noir le plus absolu ; juste avant que le stagiaire n'arrive à leur hauteur, les hommes de l'EPIGN vont, eux, le braquer avec de puissantes lampes torches, tandis que, simultanément, les chiens, parfaitement dressés pour demeurer silencieux jusque-là, se mettront à aboyer. Effet garanti ! Le pauvre garçon, aveuglé et affolé, devra cependant rester suffisamment maître de lui pour trouver le passage d'environ un mètre de large laissé libre à dessein sur sa droite ; pour corser le tout, les moniteurs vont une fois encore lui sauter dessus, tout en lui demandant de crier grâce. Voilà qui rappelle des souvenirs au gendarme Denoyer : « Je m'en souviens, dit-il, quand je suis arrivé là, je ne m'attendais absolument pas à ce genre de chose. Ici, déjà, on est presque en fin de parcours, ce qui veut dire qu'on est crevé, vidé et qu'on perd à moitié les pédales et puis, tout d'un coup cette lumière en pleine figure avec les aboiements et les cris des types de l'EPIGN, vraiment, je ne sais pas comment je suis passé, j'ai juste aperçu qu'il n'y avait rien à droite et j'ai foncé sans réfléchir... Aujourd'hui, il y en a pas mal qui s'attendent à trouver les chiens à un moment ou à un autre du parcours ; ça se dit dans les unités, quand ils rentrent ; il y a aussi ceux qui reviennent pour la deuxième ou la troisième fois, et qui savent. Ça ne fait rien, ils ont beau s'y attendre, ils sont quand même surpris, d'autant que nous varions l'emplacement des chiens... »

Les stagiaires ont maintenant commencé à s'élancer l'un après l'autre depuis deux heures. Le capitaine Bourgoin, qui commande l'EPIGN, va d'atelier en atelier pour y recueillir les observations des moniteurs chargés de noter au fur et à mesure les réactions des candidats. Parvenu à celui du souterrain où deux de ses hommes doivent tomber à bras raccourcis sur les stagiaires pour qu'ils s'agenouillent, il en observe deux passer consécutivement : le premier se débat trop mollement et finit par s'exécuter ; c'en est fini pour lui ; le second, lui, résiste et réussit à filer entre les doigts de ses agresseurs ; c'est bon, mais il reste encore les chiens. D'une fissure dans le mur du souterrain, les yeux vissés sur des jumelles à intensificateur de lumière, le capitaine Bourgoin regarde progresser un autre candidat vers ce point crucial ; les lampes torches s'allument soudain, en même temps que les aboiements se déchaînent ; l'officier passe alors par la fissure, remonte le souterrain et arrive sur place, juste à temps pour voir ce stagiaire, maintenu au sol par ses hommes et la gueule des chiens à moins d'un mètre de lui, résister et insulter tout le monde, jusqu'à ce que ceux-ci finissent par le relâcher et qu'il réussisse, lui aussi, à trouver le passage sur sa droite ; cette fois, c'est vraiment bon : en comparaison de ce qu'il vient d'accomplir, le reste du parcours n'est plus qu'une promenade de santé. Une fois arrivés, les stagiaires sont regroupés dans un hangar où une chaîne stéréo diffuse à plein volume des chansons de Khaled, comme si rien ne valait un peu de raï pour se remettre de ses émotions ; mais le but d'une telle débauche de décibels est avant tout d'empêcher les premiers arrivés de s'endormir ; il n'y a pas de raison pour qu'ils puissent profiter de deux ou trois heures supplémentaires de sommeil par rapport à leurs camarades appelés à passer bien après eux. Le dernier franchira la ligne salvatrice vers deux heures et demie du matin. Le temps de les ramener au plateau, et il leur restera trois heures à dormir avant de devoir affronter de nouvelles épreuves, dont une marche de cinquante kilomètres prévue pour la nuit prochaine.

Les aboiements se sont tus et, tandis que les hommes de l'EPIGN rassemblent leur matériel, le capitaine Bourgoin tire les enseignements de ce parcours en compagnie du lieutenant-colonel Mazet, du GSIGN. Ses estimations concernant le nombre de candidats qui réussiront l'ensemble des tests de cette semaine varient de sept à dix ; sur soixante au départ. Ce qui ne signifie pas pour autant qu'ils seront admis au sein de l'EPIGN, loin de là. Il leur restera encore à effectuer deux stages consécutifs destinés à juger de leur capacité à s'intégrer dans un groupe dont ils ne devront, par la suite, mettre sous aucun prétexte la cohésion en danger.

– Cette cohésion est fondamentale, insiste Bernard Bourgoin. Toute notre efficacité repose là-dessus. Or, la plus grande de nos difficultés est de pouvoir juger de l'équilibre de quelqu'un ; nos hommes doivent impérativement être bien dans leur tête, ce qui n'est jamais évident ; vous avez ainsi des individus qui donnent parfaitement le change durant des mois et qui, soudain, se révèlent être des éléments hétérogènes ; voilà pourquoi la vie en communauté est dans ce domaine le meilleur des révélateurs : tous les défauts d'une personne y apparaissent au fur et à mesure des difficultés rencontrées, et ses qualités aussi, d'ailleurs ; ce n'est donc qu'au cours de ce double stage que nous pouvons déterminer, avec un minimum de risques de nous tromper, si tel ou tel de ces individus convient ou non. Ce n'est bien sûr qu'à la longue que nous apprenons à les connaître. Quant aux autres critères de sélection, à part les qualités physiques et morales requises, il n'y en pas à proprement parler. Au début, nos préférences allaient vers les hommes mariés, dont nous espérions un surcroît d'équilibre et de maturité ; mais vu le nombre de divorces que nous avons eus, principalement en raison de leurs absences longues et répétées du foyer, nous commençons à nous demander s'il ne serait pas préférable de nous tourner vers des célibataires. Aller dans ce sens serait cependant discriminatoire. Il n'y a donc pas de règle absolue. C'est un peu au coup par coup et de façon empirique. Après, nous voyons. Et, là encore, il n'est pas question de faire de cadeau : si nous sentons qu'un candidat ne correspond pas exactement à ce que nous en attendons, nous le renvoyons dans son unité d'origine. En résumé, donc, la formation, commune au GIGN, à l'EPIGN et au GSPR, à quelques variantes près, est la suivante : batterie initiale de tests comme ceux d'aujourd'hui, pendant une semaine, ce qui nous donne plus ou moins 10 % de sélectionnés ; vient ensuite un stage probatoire de deux à trois mois, très intense tant sur le plan physique que sur le plan psychologique, également éliminatoire ; enfin, un stage de perfectionnement technique et psychologique, avec encore la possibilité, si nécessaire, d'en écarter certains éléments, ce qui est rare à ce stade-là. C'est donc en gros une formation d'un an qui attend ces hommes, plus une période de « noviciat », si je puis dire, durant laquelle ils sont toujours accompagnés par leurs aînés, à qui, dans un premier temps, ils servent de « doublure » au cours des missions.

La pluie tombe toujours. Mais, paradoxe, il semblerait que la vision nocturne des alentours, même en pleine forêt, ait eu tendance à s'améliorer au fil de la nuit. En regardant vers le ciel, on y découvre en effet un halo orangé dont la faible clarté descend jusqu'ici.

– C'est souvent le cas, par temps de pluie, dit le lieutenant-colonel Mazet. On dirait que les nuages vont capter les lumières de Paris pour les déposer un peu plus loin, au-dessus de la banlieue.

Au quartier Moncey, sur le plateau, les locaux de l'EPIGN sont en effervescence. La semaine de tests s'est terminée hier soir et les candidats, rassemblés devant le bâtiment, attendent de passer l'entretien de clôture prévu avec les moniteurs ; leurs résultats aux diverses épreuves y seront commentés et leurs motivations analysées. Ils ont enfin pu dormir tout leur soûl la nuit dernière ; nombre d'entre eux regagnant aujourd'hui même en voiture leurs unités respectives, parfois à plusieurs centaines de kilomètres, il était hors de question de les laisser repartir dans un état de fatigue susceptible de les exposer à un accident. Seuls deux d'entre eux viennent de la gendarmerie départementale ; les autres sont issus d'unités de la gendarmerie mobile. Ils évoquent leurs difficultés à s'entraîner physiquement pour ces tests ; tous ont dû prendre sur leur temps de loisir, pendant des mois, pour essayer de se mettre à niveau ; un niveau dont ils connaissaient parfaitement le degré plus qu'élevé. De même que, pour la plupart, ils s'attendaient bel et bien à trouver de féroces malinois ou bergers allemands sur leur passage, lors du parcours nocturne en forêt de Bièvres. En dépit de cette semaine harassante et de leur peu de chances de figurer parmi les heureux élus, ils sont visiblement satisfaits ; de toute manière, ils auront tenté le coup et pourront même le tenter de nouveau, à l'occasion ; toutes choses qui, au sein de leurs unités, leur vaudront un certain prestige. De temps à autre, un homme de l'EPIGN, vêtu de la combinaison noire portée en opération, vient discuter avec eux : ce ne sont plus les insultes proférées lors des épreuves, comme pour les mettre encore un peu plus en déséquilibre, mais un amical tutoiement, destiné sans doute à les rassurer un tant soit peu ; lui aussi est un jour passé par là ; il sait donc ce que cet instant a de solennel et de capital pour eux.

Devant le garage de l'EPIGN, un homme lave à grande eau l'une des voitures banalisées de l'escadron, tandis qu'un autre en change les plaques minéralogiques : il faut être prêt à repartir immédiatement en filature ou pour une autre mission. À l'intérieur, des rangées de véhicules de toutes marques, dont le seul point commun est d'être puissants. Parmi eux, des voitures étrangères, et même des 4 x 4 japonais ou allemands, dont l'EPIGN a fini par disposer après avoir dû faire valoir auprès de la hiérarchie que les truands, eux, n'utilisaient pas que des voitures françaises ; le parc est complété par une rangée de motos de grosse cylindrée, nécessaires pour certaines filatures en milieu urbain. Dans un local mitoyen, l'armurerie regorge de tout ce que les hommes peuvent souhaiter en matière de fusils d'assaut, de fusils de précision et d'armes de poing ; il y a même un lance-flammes, trophée ramené d'un pays africain.

Dans le couloir du premier étage, aux murs recouverts de drapeaux de tous les pays où les hommes de l'EPIGN ont servi un jour ou l'autre, l'adjudant Fouchet, lui aussi en combinaison noire, parle avec l'un des candidats. Jean-Luc

Fouchet résume bien, à lui seul, ce que, dans certaines circonstances, les hommes de l'EPIGN doivent être capables d'endurer ; il vient de rentrer d'un séjour au Congo-Brazzaville, où, du 18 juin au 23 octobre 1997, il a vécu, avec ses collègues et le personnel de l'ambassade de France, la quasi-totalité d'une guerre civile qui a fait des dizaines de milliers de victimes. Il faut dire qu'il a de qui tenir : fils d'un pilote de l'armée de l'air qui a « fait » l'Indochine et l'Algérie, il a vécu son enfance et une partie de son adolescence en Australie et en Nouvelle-Calédonie, avant de rentrer en France. Suivant l'exemple paternel, il s'engage dans l'armée de l'air, au début de l'année 1977, qui l'envoie à Djibouti et en Mauritanie. Il se tourne plus tard vers la gendarmerie mobile, et, quatre ans après, se décide à passer les tests d'entrée à l'EPIGN, qu'il intègre au début de l'année 1988. Dès lors, les missions vont se multiplier : Nouvelle-Calédonie, Comores, Colombie, Éthiopie, Somalie, Haïti... Autant de lieux à haut risque, riches en événements. Ainsi de cette opération « Totem », en mai 1991, à Addis-Abéba, où le régime de Mengistu Haïlé Maryam, le « négus rouge », comme était surnommé ce dictateur sanguinaire, s'effondre en quelques jours devant la progression des rebelles tigréens venus du nord et qui envahissent sans coup férir la capitale éthiopienne. Leur attitude ne paraît pas *a priori* hostile aux étrangers ; mais à l'ambassade de France, dans un immense et superbe parc au milieu d'une forêt d'eucalyptus, Son Excellence, monsieur de La Rochefordière, a préféré par précaution faire apposer sur les grilles de l'entrée un écriteau précisant clairement qu'il n'entrait nullement dans les intentions de la France de s'opposer à cette prise du pouvoir par les Tigréens. Seul problème, mais de taille : les rebelles, pour la plupart des adolescents d'une quinzaine d'années, ne comprennent pas l'amharique, langue dans laquelle a été rédigé l'écriteau ; ils ne parlent que le tigréen. Et lorsqu'ils aperçoivent un askari, un gardien local de l'ambassade, s'avancer vers eux, ils lui tirent dessus. C'est Jean-Luc qui ira chercher le blessé pour le mettre à l'abri, sous les tirs des Tigréens, rendus méfiants par la présence de cet homme armé. Et c'est encore lui qui, avec ses collègues de l'EPIGN, organisera l'évacuation des deux cent cinquante-six ressortissants français d'Addis-Abéba désireux de prendre le large en attendant d'y voir plus clair dans les intentions des nouveaux maîtres du pays. En Somalie, dans le courant de l'année 1993, en pleine guerre civile entre factions, tandis qu'il est chargé de la sécurité de l'ambassadeur de France, il est le témoin d'un accident horrible ; le seul plaisir de l'ambassadeur, dans Mogadiscio ravagée, est de se rendre en fin d'après-midi au bord de la plage qui jouxte l'aéroport surveillé par les forces de l'ONU, et d'y savourer, en compagnie de sa secrétaire, un moment de calme relatif, les pieds dans l'eau. Celle-ci manifeste un jour l'intention de se baigner et, malgré les mises en garde de l'ambassadeur, de Jean-Luc et de son collègue, se jette à l'eau. Elle n'a même pas le temps de s'éloigner d'une vingtaine de mètres que, déjà, un requin s'est saisi de l'une de ses jambes et l'a arrachée. Jean-Luc se précipite et parvient à la ramener jusqu'au rivage ; en vain : elle continue à se vider de son sang et meurt. En Somalie encore, il vivra ces journées dramatiques au cours desquelles les partisans du général Aïdid s'en prendront aux forces onusiennes et massacreront quarante-sept soldats pakistanais à la mitrailleuse 12.7. Deux jours après, l'ambassade sera fermée et les cinq dernières personnes, dont lui, seront évacuées par avion sous les tirs de ces mêmes partisans. Un an plus tard, en Haïti, lors d'une séance particulièrement houleuse au Parlement, les tontons Macoutes s'emparent d'un otage et commencent à tirer sur l'assemblée avec des Sten, ces pistolets mitrailleurs de la dernière guerre. Ce qui n'empêche pas Jean-Luc et son collègue de l'EPIGN d'évacuer en catastrophe l'ambassadeur de France, présent lors de cette séance, ainsi que le vice-président de l'Assemblée.

L'itinéraire de Jean-Luc est donc déjà celui d'un baroudeur, et d'un baroudeur comblé par les circonstances. Puis arrive ce trop fameux 24 décembre 1994, où des terroristes algériens du GIA (Groupe islamique armé) s'emparent en fin de matinée d'un Airbus d'Air France sur le point de décoller pour Paris, à l'aéroport Houari-Boumedienne d'Alger, et menacent d'en tuer les deux cent vingt-sept passagers et les douze membres d'équipage. Pour montrer leur détermination, ils abattent d'emblée une personne d'origine algérienne et une autre de nationalité vietnamienne, avant de réclamer la libération de deux leaders du FIS (Front islamique du salut), Abassi Madani et Ali Belhadj. Dans le courant de l'après-midi, les terroristes vont néanmoins accepter de libérer une partie des otages. Il en reste cent soixante-quatorze à bord. Paris a aussitôt proposé son assistance technique aux autorités algériennes, tandis qu'une partie du GIGN se prépositionnait à Majorque, aux Baléares, en vue d'une éventuelle intervention sur l'aéroport algérien. Mais les autorités algériennes s'obstinent à vouloir régler seules cette affaire. Le lendemain matin, dimanche 25 décembre, le gouvernement local n'est d'ailleurs toujours pas décidé à répondre aux demandes des terroristes, qui exigent le décollage de l'appareil vers une destination inconnue ; c'est un ultimatum, fixé pour le soir même à 21 h 30 : ils tueront alors un ressortissant français s'ils n'ont pas obtenu satisfaction. Menace qu'ils mettent à exécution à 21 h 31, en abattant le cuisinier de l'ambassade de France, présent à bord. Pendant ce temps, Paris fait pression sur le président algérien Liamine Zeroual, afin qu'il autorise l'avion à décoller pour Marseille-Marignane. La décision est enfin prise de le laisser partir et l'Airbus atterrit à 3 h 30 du matin à Marignane. Dès le lendemain, 26 décembre, les terroristes demandent le plein de kérosène pour gagner Paris. Ils fixent un ultimatum pour 17 heures, et, en signe d'apaisement, libèrent deux autres otages vers 15 h 30. L'avion roule alors vers la tour de contrôle et s'immobilise. Sur ordre du préfet des Bouches-du-Rhône, l'aéroport est évacué à 16 heures 50, dix minutes avant la fin de l'expiration de l'ultimatum. Des coups de feu partent de l'avion. Il est 17 h 15 précises lorsque les hommes du GIGN montent à l'assaut de l'Airbus. Ce qui suit a été retransmis en direct par toutes les télévisions du monde.

– En fait, raconte Jean-Luc, c'était une opération combinée GIGN-EPIGN. Nous, nous étions là pour entourer l'avion, nous saisir de tous les otages qui descendaient par les toboggans et les mettre à l'abri, à l'arrière de l'appareil. Et là, comme nous ne pouvions pas savoir si des pirates s'étaient ou non glissés parmi eux, nous devions fouiller chaque personne et la mettre de côté, afin qu'elle soit ensuite interrogée dans un bus sur le déroulement des faits. Mais le premier objectif était de mettre le plus vite possible les otages à l'abri. Le problème de Marignane, c'est qu'arrivé à un moment donné, le GIGN commençait à avoir pas mal de blessés – il y en a eu dix au total, dont deux grièvement atteints – et nous avons donc dû monter en haut des échelles pour les déshabiller, les panser et les transporter à l'arrière de l'appareil, suffisamment loin pour être à l'abri ; pas plus le Samu que les pompiers ne voulaient s'approcher de l'Airbus, tellement ça tirait dans tous les sens ; les balles traversaient même la carlingue pour aller se perdre à l'extérieur. Une fois tous ces blessés évacués, il nous a fallu prendre position autour de la coupole à l'avant de l'avion – ce n'était pas prévu, mais le GIGN avait maintenant trop de gens touchés pour assurer cette partie de sa mission –, au cas où des preneurs d'otages auraient tenté de fuir par en dessous. Nous n'avons pas eu un seul blessé au cours de cette opération ; une chance monumentale, c'est ce que tous les gens nous ont dit. Et de la chance, c'est vrai que l'EPIGN en a toujours eu. Déjà, en 1988, en Nouvelle-Calédonie, l'hélicoptère qui nous transportait s'est fait tirer dessus, et copieusement, même ; on en a pris plein la carcasse de l'appareil, mais comme nous avions mis des gilets pare-balles sous nos fesses, ça n'a pas traversé ; nous avons quand même eu un de nos collègues touché de deux balles à la jambe droite, mais si ces projectiles étaient arrivés en face, où nous étions trois assis côte-à-côte, cela n'aurait pas été la même histoire ; et en plus, malgré son réservoir percé de partout, dont tout le carburant avait fichu le camp, l'hélicoptère ne s'est pas « crashé ». Oui, c'est bien de la chance... »

Et les missions de s'enchaîner pour Jean-Luc : évacuation consulaire d'Annaba, en Algérie, protection de l'ambassade de France d'Alger, protection de personnalités politiques locales en Corse, mise en place d'un système d'évacuation des ressortissants français de Kisangani, au Zaïre, lors de la guerre civile de 1996... Jusqu'à cette opération « Pélican 2 » du Congo-Brazzaville, en juin 1997, où l'attendait sur place une situation des plus embrouillées. Pascal Lissouba, président en exercice, y est alors aux prises avec Denis Sassou-N'Guesso, l'ex-président, qui, contestant les conditions de la réélection de Lissouba, a décidé de reconquérir le pouvoir par le biais de ses milices privées, essentiellement issues du nord du pays. *A priori* une guerre pricrocholine de plus, l'un de ces conflits ethniques auxquels l'Afrique nous a depuis longtemps habitués, n'était l'énormité des intérêts pétroliers en jeu. Ce n'est plus seulement de la paix au Congo-Brazzaville qu'il s'agit, mais du bon équilibre de toute une région. Outre ce Congo-Brazzaville, où abondent au large de Pointe-Noire les plates-formes à l'enseigne d'Elf, trois pays voisins sont concernés par ce conflit : l'Angola, dont les côtes regorgent aussi d'or noir et où l'implantation d'Elf Aquitaine est particulièrement importante ; le Gabon, dont les champs pétrolifères offshore sont en majeure partie exploités par Elf Gabon ; enfin, l'ex-Zaïre, qui vient d'être rebaptisé République Démocratique du Congo. En sous-main, l'Angola soutient donc Denis Sassou-N'Guesso en lui fournissant tout l'armement dont il a besoin, et en faisant même intervenir ponctuellement son aviation. Pascal Lissouba, lui, qui a trop longtemps pratiqué la valse hésitation entre la France et les États-Unis, se retrouve sans « parrain » et ne peut compter que sur son armée dite « régulière », en fait un ramassis de soudards incontrôlables qui se livrent à un pillage systématique de la capitale congolaise, d'autant plus dangereux qu'ils sont perpétuellement ivres d'alcool et de chanvre ; officiellement, Paris n'a certes pris parti pour aucun des deux protagonistes ; officieusement, il est cependant clair que la France et Elf confondus soutiennent Denis Sassou-N'Guesso, « leur » homme, qui, soit dit en passant, est aussi le gendre d'Omar Bongo, un président du Gabon grand ami de la France. Pour ajouter encore à cette confusion, en face de Brazzaville, juste de l'autre côté du fleuve Congo, un tyran vient de succéder à un tyran : après une guerre qui aura fait des centaines de milliers de victimes, en majorité civiles, Laurent-Désiré Kabila, dont on peut douter des qualités d'humaniste philanthrope que lui prêtent d'incorrigibles naïfs, a renversé, le 17 mai 1997, un Joseph-Désiré Mobutu à bout de souffle ; Désiré II est en train d'asseoir son pouvoir et voit d'un très mauvais œil toute cette agitation, juste en face de chez lui, de l'autre côté du *Stanley Pool* ; avec des jumelles, il peut même en suivre au jour le jour le déroulement. Pour ne rien arranger, Bernard Kolelas, le maire de Brazzaville, a lui aussi décidé de lancer sa milice personnelle dans la bagarre, espérant en retirer ultérieurement quelque avantage, selon la direction que voudra bien alors prendre le vent. Bref, l'orage s'annonce ; sous l'équateur, il est violent. Qui s'y laisse prendre, Noir ou Blanc, en sort rarement sans dommages, mais toujours heureux d'avoir survécu.

– Ce qu'il y a eu de bizarre, dans cette mission, c'est que nous avons débarqué à l'aéroport de Maya-Maya, à Brazzaville, alors que l'opération « Pélican 1 », elle, prenait fin. Notre détachement était composé de vingt hommes de l'escadron XI/3 de gendarmerie mobile de Rennes, de dix éléments de l'EPIGN, d'un médecin et d'un infirmier. Nous sommes donc arrivés là-bas en plein flou, tant sur le plan du conflit lui-même, notamment à Brazza, que sur celui des sites dont nous allions avoir la charge ; à peine étions-nous arrivés à l'ambassade que les légionnaires qui s'en occupaient jusqu'alors en partaient. Nous n'avons fait que les croiser, sans qu'ils aient le temps de nous briefer sur les mesures les plus élémentaires à prendre. Ils nous disaient au revoir, et c'est tout. Il nous fallait donc immédiatement mettre en place un outil de sécurité complet. Les premiers jours ont vraiment été difficiles sur le plan du travail : sans pouvoir dormir un seul instant, nous avions à préparer notre matériel, répartir les gendarmes mobiles pour la protection des sites et assurer la sécurité de l'ambassadeur. Puis, dès que les hommes de « Pélican 1 » sont partis, le conflit s'est durci. Nous nous sommes alors retrouvés à plusieurs reprises dans l'impossibilité de sortir de là, parfois des dix ou quinze jours d'affilée ; les obus tombaient un peu partout, d'abord autour de l'enceinte de l'ambassade, et ensuite à l'intérieur. Le bâtiment a ainsi essuyé une bonne dizaine d'obus, sinon plus, et des tirs de roquettes en pagaille, qui ont même atteint le bureau de l'ambassadeur ; toutes les vitres ont été soufflées ; le service consulaire, dans la même cour, a été bombardé et a complètement brûlé ; des journalistes en attente d'être évacués vers l'ex-Zaïre y couchaient encore quelques jours plus tôt. Dès lors, les incidents n'ont plus cessé de se multiplier. Chaque fois que nous sortions, c'était la même histoire : immanquablement, nous tombions sur des soldats de Lissouba – eux, ils étaient sacrément remontés contre les Français, je peux vous l'assurer – qui nous faisaient descendre de notre véhicule et nous braquaient avec leurs Kalachnikov, dont le cran de sûreté était relevé, évidemment ; et chaque fois, nous ne réussissions à nous en sortir que grâce à un Congolais de passage, qui intervenait en notre faveur. Il nous est ainsi arrivé d'être mis en joue trois fois de suite en deux heures. La première, c'était un peu avant la présidence ; nous étions trois et des types de Lissouba nous avaient fait sortir de nos voitures, comme d'habitude ; ils nous avaient mis en joue et allaient bel et bien nous flinguer, quand, au même moment, les miliciens de Sassou ont attaqué l'aéroport ; des rafales sont passées tout près de nos voitures, mais sans nous toucher ; en revanche, des hommes de Lissouba ont été blessés et, du coup, ils n'ont plus pensé qu'à courir pour se mettre à couvert, ce qui nous a laissé le temps de remonter dans nos véhicules, de faire un demi-tour au frein à main et de dégager. Deuxième incident un peu avant d'arriver à la présidence, alors que nous étions en escorte de l'ambassadeur, qui roulait devant nous ; même scénario : nos véhicules sont stoppés et des hommes de Lissouba, ivres morts, essaient de nous tirer à l'extérieur en menaçant de nous lyncher ; simultanément, à hauteur de cette présidence, notre ambassadeur et son garde du corps, eux, se font prendre en otages ; notre collègue ramasse même un coup de crosse de Kalachnikov qui l'envoie dans les vapes ; c'est à ce moment-là qu'une personne de l'entourage de Lissouba sort du bâtiment pour prendre l'ambassadeur et notre collègue et les amener à l'intérieur de la présidence. Pour nous, derrière, ce n'est pas brillant : les soldats continuent à hurler et à nous balancer des coups de crosse à tout va, puis, au moment où nous allons être éjectés et lynchés – ça c'est sûr –, j'ai juste le temps de mettre le contact et de passer la première, mon collègue à côté de moi appuie sur la pédale d'accélérateur et nous pouvons filer, les quatre portières ouvertes, pendant qu'ils nous tirent dessus. Cinquante mètres plus loin, ça recommence : un soldat nous met en joue avec un lance-roquettes RPG 7, je fonce sur lui et il saute dans le fossé, puis nous allons nous mettre nous aussi à l'abri et réfléchir au moyen de récupérer l'ambassadeur et notre collègue. Par radio, nous apprenons alors qu'ils sont en sécurité à l'intérieur de la présidence. Il ne nous reste donc plus qu'à regagner l'ambassade pour y rendre compte à Paris et attendre les ordres pour savoir ce qu'il faut faire. En fin de compte, l'ambassadeur et notre collègue nous ont été rendus deux heures plus tard. Mais des sorties comme celle-ci, on s'en souvient !

« C'en est ensuite arrivé à un point de folie furieuse : les obus tombaient dans la cour, sans arrêt, de jour et de nuit. Pas moyen de dormir ; en plus nous étions logés de façon plutôt précaire, à la résidence, sur des lits picot avec moustiquaire, mais placés à l'extérieur, si bien qu'on entendait tout et que, en plus, avec tous les tirs qu'on subissait, il fallait souvent les déplacer en rampant pour être moins exposés. Sans compter les patrouilles de nuit dans la résidence ; nous avions eu en effet des échos laissant entendre que les soldats de Lissouba s'apprêtaient à l'attaquer. Peu de temps après, nous avons évacué et fermé l'ambassade, et nous avons regroupé tout le monde à la résidence. Pas de bol :

alors qu'elle était jusque-là située dans un quartier calme, elle s'est retrouvée du jour au lendemain prise au milieu des tirs d'obus qui partaient de la présidence de la République et ceux qui venaient du Zaïre ; Kabila, qui en avait assez des obus qui venaient se « perdre » à Kinshasa, avait décidé de répliquer. Là, on a été gâtés : les obus passaient dans les deux sens, au ras des toits de la résidence. Sur le nombre, bien sûr, il y en avait forcément quelques-uns qui tombaient dans notre parc ; plus les centaines et centaines de balles qui le traversaient en permanence ; on entendait juste leur sifflement, mais quand on l'entend, ce sifflement, cela signifie que la balle est déjà arrivée... Là, on peut dire que nous avons eu de la chance, en comparant les balles qui traversaient le parc et allaient blesser un peu plus loin des Congolais qui passaient dans la rue, avec celles qui passaient au milieu de nous sans toucher personne. Non, elles allaient taper à cinquante centimètres de nous, dans les arbres ou dans les voitures. C'est incroyable que tout le monde soit revenu vivant de là-bas... Plus de quatre mois comme ça, à cinquante, c'est pas racontable, les cinquante auraient dû y passer... Que nous n'ayons eu en tout que quatre blessés au cours de cette période relève du miracle.

« Vers la fin, il y a eu la prise de la présidence par les miliciens de Sassou-N'Guesso, si bien que nous, nous avons fait notre petit Fort Chabrol personnel : les autorités ont été placées en protection dans une cave, pendant que, en haut, avec casque lourd, gilet pare-balles et tout le matériel, nous défendions le dernier carré de la résidence, mais sans pouvoir défendre le parc lui-même ; à la limite, d'ailleurs, ce n'était pas bien gênant que les gens de Lissouba poursuivis par ceux de Sassou ne fassent que le traverser, du moment qu'ils ne tentaient pas de rentrer dans le bâtiment principal. Il y a eu là quelques jours difficiles, où ça tirait dans tous le sens ; nous avons eu, une fois de plus, une chance incroyable que personne ne soit blessé. Moi, j'ai une balle qui m'a touché la joue, mais ce n'était qu'une éraflure ; pareil pour des collègues qui ont échappé à une roquette qui a tout pété à côté d'eux ; ils ont été soufflés mais c'est tout, ils étaient protégés par leurs sacs de sable. Et puis, ça s'est enfin arrêté : Sassou avait gagné. La relève est arrivée. Il ne nous restait plus qu'une semaine de vivres.

« Pendant plus de quatre mois, nous n'avions quasiment pas dormi. Comme réserves de nourriture, nous avions de grands sacs de riz de cinquante kilos que nous avions achetés ; alors, c'était un bol de riz par personne, avec une boîte de ration de combat que nous nous partagions en quatre ou plus. Pour l'eau, quand il y en avait à la source, on la faisait bouillir avec des pastilles contre les bactéries, et quand il n'y en avait pas on prenait celle de la piscine, mais juste pour nous laver. Sinon, pour le reste, on était envahis d'insectes ; les moustiques étaient encore les moins gênants, malgré le paludisme : plus de la moitié de l'effectif a souffert du palu sur place ou au retour. Le pire, c'était les fouroux, des petites mouches qui vous arrachent la peau ; elles vous laissent les chairs, surtout celles des jambes, complètement à vif. Et puis, dans le parc, il fallait faire aussi attention aux mambas, des noirs et des verts ; ces serpents-là, ils sont mortels, et ils attaquent à hauteur de la figure, c'est incroyable de les voir sauter, quand ils sont surpris...

« En septembre, juste après l'évacuation de l'ambassade, nous avons quand même eu un blessé. Deux collègues se reposaient de leur tour de garde, dans une chambre, quand un obus est tombé sur le bâtiment, qui a été complètement soufflé. Ils ont ramassé tous les gravats sur la tête et l'un d'eux a été sérieusement touché. Nous l'avons mis sous perfusion et avons demandé de pouvoir le faire évacuer par bateau vers l'ex-Zaïre, puisqu'il existait une entente préalable avec les gendarmes de l'ambassade de France à Kinshasa et avec un médecin français qui exerce dans cette ville. Et Laurent Kabila a refusé ; il refusait sur son territoire tout Français en provenance de Brazza... Alors nous l'avons soigné comme nous le pouvions, et il s'en est bien sorti.

« En fin de compte, nous avons la chance, à l'EPIGN de

vivre assez régulièrement ce genre d'événement, même si, heureusement, ce n'est pas pendant plus de quatre mois d'affilée ni dans de telles conditions de danger. Je dis bien chance, parce que nous sommes ainsi plus aptes à affronter ce genre d'événement lorsqu'il survient. Cela vient-il de notre formation et de cette longue période de tests destinés à mettre notre cohésion à l'épreuve, toujours est-il qu'à Brazza, les résultats étaient là : en aidant chacun à garder le moral, en nous montrant rassurants et de bonne humeur, nous avons réussi à maintenir un excellent état d'esprit au sein de tout le groupe, aussi bien parmi le personnel du quai d'Orsay que parmi les gendarmes mobiles. Et avec tout ce qui nous tombait dessus, ce n'était pas gagné d'avance... »

À 40 ans, Jean-Luc connaît le tribut qu'il a dû payer pour exercer ce métier. En 1996, il a passé très exactement vingt-quatre jours chez lui. Moins de vingt en 1997. Aucun couple n'y résisterait, pas plus le sien qu'un autre ; il a donc divorcé, comme la plupart de ses collègues. Peu importe, il mène la vie qu'il a toujours eu envie de mener. Et pourtant, d'ici très exactement deux ans, le couperet va tomber : il devra quitter l'EPIGN. Pour lui, comme pour tous ses camarades du même âge, qu'ils appartiennent à l'EPIGN, au GIGN ou au GSPR, la règle est identique : 38 ans pour les gendarmes, 42 pour les maréchaux des logis-chefs, les adjudants et les adjudants-chefs, et 44 ans pour les majors ; au-delà de cette limite, leur ticket n'est plus valable. Ils sont alors mutés dans une unité traditionnelle, en gendarmerie mobile ou en gendarmerie départementale, ou bien ils s'en vont, purement et simplement.

Certes, si l'on se place du point du vue du gestionnaire, il y a des textes qui définissent une limite d'âge pour ces unités spéciales. Des textes que chacun connaît, à commencer par l'intéressé, et qui sont faits pour être appliqués. Il est vrai aussi que conserver des gens trop âgés dans ces unités constituerait un poids supplémentaire. En interrogeant les uns et les autres, on finit cependant par avoir un autre écho. Nombre de ces éléments ont encore, à 38-40 ans, un potentiel aussi fort que celui d'un homme de 29 ans ; à la différence près qu'il ont, eux, beaucoup plus d'expérience, ce qui est sans prix. On ne voit donc pas, *a priori*, ce qui interdirait de garder ces hommes jusqu'à 45 ans. En imposant ainsi une règle draconienne, qui ne laisse aucune marge, on se prive du même coup de précieuses contributions, d'un véritable capital. Pourquoi, alors, ne pas les garder, avec l'accord de leurs chefs, à des postes d'encadrement ? En tenant compte d'autre part du fait que l'âge moyen de celui qui entre aujourd'hui dans une école de sous-officiers de gendarmerie est proche de 24 ans, qu'il va y rester un an et qu'il lui faudra en attendre environ quatre autres avant de pouvoir faire acte de candidature pour entrer dans ces unités, où, s'il réussit à franchir le barrage des tests, il devra encore subir une formation initiale d'un an au moins, cet élément-là ne sera donc pas opérationnel avant 30 ans. Ce qui lui laisse une dizaine d'années, ou moins, de carrière au sein de l'EPIGN, du GIGN ou du GSPR. Trop court et frustrant. Quant au coût d'une telle mesure, il est d'autant plus élevé que la formation continue de ces gendarmes-là est particulièrement onéreuse. C'est également s'exposer à en voir certains, vers 31 ou 32 ans, choisir de partir par anticipation afin d'échapper aux hasards d'un reclassement tardif et de retrouver ainsi plus facilement une place dans le civil ; un départ par anticipation qui, lui aussi, coûte très cher. Un beau gâchis. Enfin, sur un plan humain, comment exiger d'un gendarme issu de ces unités de faire du jour au lendemain un parfait gendarme mobile, par exemple, alors que l'inverse n'est même pas envisageable ?

Dans son bureau de l'état-major du GSIGN, le lieutenant-colonel Mazet admet ce que cette mesure peut avoir d'arbitraire :

– C'est en effet regrettable par certains côtés, car beaucoup d'entre eux, c'est exact, sont encore en parfaite condition physique. Il est cependant nécessaire de fixer ainsi une limite d'âge. C'est même encore plus impératif chez les « choc-feu » que chez les autres, tant c'est là un métier usant dans tous les sens du terme. Quelles que soient la forme et l'expérience d'un individu, la raison commande de savoir tourner la page. Sans limite, nous courons le risque de garder des gens qui ne voudraient plus partir. À terme, c'est notre caractère opérationnel qui serait donc menacé. Mais pour nos hommes, c'est évidemment un cap critique à franchir ; il leur faut alors songer à une « reconversion ». Ils sont en majorité mutés dans une unité de gendarmerie mobile et, à leur demande, la plupart du temps outre-mer, où ils font souvent d'excellents gradés. Qu'il existe des exceptions, j'en conviens. C'est d'ailleurs compréhensible : ces hommes ont vécu ici quelque chose de très intense pendant des années et ont parfois beaucoup de mal à se réadapter au cadre général de la gendarmerie, où ils doivent du jour au lendemain faire un tout autre métier. Voilà pourquoi un certain nombre d'entre eux préfèrent partir dans le civil, comme conseillers en sécurité de grandes entreprises, ou vont se mettre au service de chefs d'État étrangers. Dans la majorité des cas, ils s'en sortent très bien. Il leur faut donc y penser avant, mais pas trop tôt non plus : s'ils commençaient à faire une fixation là-dessus dès 31 ou 32 ans, ce serait alors au détriment de leur efficacité dans le cours des missions qui leur sont confiées. Cela dit, ce n'est jamais de gaieté de cœur que nous les voyons partir, comme vous pouvez l'imaginer. Et c'est vrai qu'il s'agit là d'une question qui préoccupe constamment les commandants de ces unités. Mais je ne sais pas si le fait d'introduire des exceptions serait mieux admis...

Le lieutenant-colonel Flament, commandant du GSIGN, entre à son tour dans le bureau. Il entend bien, lui, préciser le rôle de ce GSIGN, dont le profane a parfois une vision abstraite :

– Ce rôle est celui de tout échelon d'état-major essentiellement supérieur aux unités. Je m'explique : le GSIGN est un échelon organique avant d'être un échelon de commandement. En principe, les unités vont seules « à la guerre ».

Mais le cas échéant, c'est à lui qu'il appartient d'en assurer le commandement opérationnel lorsqu'elles interviennent isolément ou au cours d'actions conjointes ; c'est lui qui est également chargé de la logistique des opérations. Comme il lui revient, d'ailleurs, de contrôler la formation physique, morale et professionnelle des hommes, de veiller à leur déontologie, à leur entretien et à leur perfectionnement dans les techniques d'intervention qu'ils sont appelés à employer, et d'en vérifier la dotation. Le commandement du GSIGN peut ainsi se déplacer sur le terrain pour s'y assurer que les hommes disposent bien de tous les moyens nécessaires à l'accomplissement de leurs missions. Enfin, le GSIGN est aussi responsable de la répartition des fonctions entre les unités, surtout dans le domaine des interventions en cas de crise majeure.

« Le GSIGN dispose d'autre part d'un groupe d'instruction chargé de la préparation d'exercices communs aux unités du groupement ; de certaines missions d'évaluation et d'assistance technique ; enfin, de la conduite de stages particuliers organisés au profit de certains militaires de la gendarmerie, de magistrats, de fonctionnaires d'autres administrations, ou encore de stagiaires étrangers. Ce groupe d'instruction a ainsi formé plus de trois cents officiers et sous-officiers de trente-cinq pays différents depuis sa création, en 1984.

« C'est l'une des raisons pour lesquelles Satory est devenu l'une des vitrines de la gendarmerie qui attirent le plus de monde. Il n'y a pas de semaine sans que nous ayons à recevoir ici des délégations étrangères. Tenez, en ce moment, nous en avons une de gendarmes argentins. La semaine dernière, c'était des Autrichiens... Un défilé permanent. J'en profite au passage, d'ailleurs, pour souligner le travail accompli ici par le personnel du Groupement blindé de gendarmerie mobile, qui est installé sur le plateau depuis les années trente. C'est lui et lui seul qui s'occupe de tout le fonctionnement du quartier Moncey. Un travail énorme, qui nous décharge de toute tâche annexe d'administration et de gestion. Nous ne pourrions pas, sans lui, nous consacrer pleinement à maintenir au sein de nos unités l'excellent niveau opérationnel qui est le leur. Je n'oublie pas non plus le travail des médecins et des infirmiers, non comptés dans le groupement, mais qui participent à toutes les missions ; si bien que nous avons toujours un médecin et un infirmier prêts à partir dans les trente minutes... »

En retrait du quartier Moncey, le GIGN possède ses propres installations, mieux adaptées à sa spécificité et à ses impératifs. Tout y est prévu pour que les hommes puissent, chaque fois qu'ils en ont le temps, y pratiquer leur sport de prédilection, s'entraîner aux arts martiaux et, bien entendu, au tir. Il faut savoir, dans ce domaine, que la moitié de la dotation globale annuelle de la gendarmerie en munitions de petits calibres – jusqu'à 20 mm, tout de même – est utilisée par les seules unités du GSIGN ! Un homme de l'EPIGN, du GIGN ou du GSPR tire une moyenne de cent cartouches par jour ! Elles ne lui sont d'ailleurs pas comptées : à l'entrée de l'armurerie du GIGN, ceux qui vont au stand de tir se servent autant qu'ils le veulent, sans avoir à rendre compte de la quantité prélevée. Mais les résultats sont là : devant une délégation argentine médusée, les tirs se succèdent à un rythme élevé ; tir de face ou tir instinctif, dos tourné à la cible en attendant le commandement, toutes les balles finissent groupées dans une circonférence de quelques centimètres à peine. Et s'il s'agit de ne toucher que la main de la silhouette humaine représentée sur la cible, seule cette main est touchée. Songeurs, les Argentins ; peut-être se disent-ils que s'ils avaient disposé de tels éléments, en avril 1982, au moment du conflit des Malouines avec les Britanniques, alors le sort de cette guerre en eût été changé.

– Nous nous entraînons rarement seuls, confie le gendarme Serre. Ce qui permet de nous observer, même sans le vouloir, d'ailleurs. Et nous sommes tellement habitués à travailler ensemble que si l'un d'entre nous tire un tout petit peu moins bien que la veille, par exemple, cela signifie invariablement que quelque chose ne va pas chez lui, ce jour-là. À nous, alors, de lui demander ce qu'il se passe et d'agir en conséquence. Vous n'imaginez pas l'influence que peuvent avoir les soucis sur votre manière de tirer... Tenez, j'ai connu un gendarme – il est toujours là, d'ailleurs –, qui est un excellent tireur ; à une époque, il a eu des ennuis familiaux assez graves qui, visiblement, le marquaient beaucoup, mais dont il ne parlait pas ; et un jour, sur la préparation d'une démonstration, au cours de laquelle il s'agissait pour lui d'« acquérir » – de toucher, si vous préférez – un minuscule ballon à cinquante mètres, avec une arme spéciale à lunette, il a manqué trois fois de suite sa cible ; quelque chose qu'il n'aurait jamais raté en temps normal. Nous avons bien compris, alors, que ça n'allait pas, et nous avons fait notre possible pour l'aider. Le tir, de toute façon, c'est le reflet du mental. Un jour, c'est bon, le lendemain, on loupe tout. C'est pour ça que nous nous entraînons ensemble. Et si nos chefs de groupe sentent que quelque chose ne va pas, ils nous en parlent et, s'ils le jugent préférable, nous placent à un poste différent lors de l'intervention suivante. Vous savez, celui qui a eu la veille une dispute avec sa femme ou dont le gosse est malade, on ne va pas le mettre le lendemain sur un tir de précision en intervention. On le sait et on le gère en conséquence.

La visite se poursuit par le garage de l'unité. Des véhicules banalisés, comme à l'EPIGN, mais aussi toute une flotte de breaks Citroën XM bleus surmontés d'un gyrophare fixe y sont en cours de lavage.

– Ces breaks sont les meilleurs lorsqu'il s'agit de nous transporter, avec tout notre matériel, sur les lieux d'une intervention. Mais au-delà de quatre cents kilomètres, nous prenons l'avion, en principe ; avec Villacoublay à côté, c'est commode. Il n'empêche que nous empruntons plus souvent la route que la voie des airs. Vous savez, les gens nous voient toujours descendre d'un avion surgi de nulle part et monter à l'assaut d'un autre avion, sur un parking d'aéroport ; c'est le « syndrome » Marignane ; ils ne retiennent bien souvent du GIGN que les actions les plus spectaculaires, ce qui est logique. Et pourtant, si la lutte contre le terrorisme est bien l'une de nos missions, il y en a pas mal d'autres, pour nous tout aussi importantes : intervention sur les prises d'otages et sur les forcenés, les révoltes en milieu pénitentiaire, et enfin tout ce qui est arrestations délicates. Et les arrestations de ce type, il y en a beaucoup, croyez-moi. En presque vingt-cinq ans d'existence, le GIGN a ainsi conduit près de huit cents opérations, avec à la clé plus de cinq cents otages libérés et environ six cent cinquante arrestations de malfaiteurs dangereux...

Avant de partir déjeuner à Versailles, le gendarme Serre va revêtir des habits civils et prendre dans son placard un revolver qu'il glisse ensuite dans un holster, sous sa veste.

– Ça, en revanche, c'est depuis Marignane et ça ne relève pas d'un syndrome, se justifie-t-il. En fait, aussitôt après cette affaire de l'Airbus, nous avons été menacés de mort par les terroristes du GIA. Il faut croire qu'ils ont de bons relais ici, en France, puisque, à plusieurs reprises, nous avons repéré des voitures qui venaient faire de la reconnaissance, le soir, sur le plateau. Nous en avons bien relevé les numéros et identifié les propriétaires, mais comme nous n'avions rien de précis à leur reprocher, nous ne sommes pas allés plus loin. Que tout le monde ait pu nous voir à la télévision, lorsque le président Mitterrand a voulu nous féliciter, à l'Élysée, n'a pas non plus favorisé notre anonymat... Quoi qu'il en soit, le commandement a préféré prendre ses précautions. Jusqu'à son départ, la famille du chef d'escadron Favier, qui nous commandait à l'époque, a ainsi bénéficié d'une protection. Quant à nous, il nous a été recommandé de ne plus sortir qu'armés. Ce n'est pas dû à un accès de parano...

Après avoir vu ces hommes à l'œuvre au stand de tir, on frémit d'avance pour les pauvres inconscients qui, dans un accès de démence, tenteraient de s'en prendre à eux. Ils en ressortiraient plus sûrement truffés de plomb qu'affectés d'une banale migraine.

– Ce serait une erreur de penser cela, s'empresse de rectifier le gendarme Serre. Toute la philosophie de notre action s'inscrit au contraire en faux contre ce genre de comportement. Mais allez donc demander à notre commandant ce qu'il en pense...

Le chef d'escadron Pierre Gautier ne se fait pas prier pour parler de ce GIGN où, avant d'y revenir pour le commander, il a déjà passé quatre ans comme officier adjoint. Il sait de quoi il parle.

– C'est vrai que les gens ne connaissent la plupart du temps du GIGN que l'aspect le plus spectaculaire, ce qui est évidemment réducteur. Car l'assaut, l'interpellation, la réduction d'un forcené, cela représente quoi ? Une minute, quelques minutes, voire vingt minutes, comme pour l'assaut de Marignane... Mais cette intervention n'est que la partie visible de l'iceberg, elle-même le résultat de tout ce qui a été réalisé en amont : la formation des hommes, bien sûr, mais aussi le travail de renseignement, d'écoute, éventuellement de la négociation, de la compréhension du problème, de son analyse et, enfin, en arrivant sur les lieux, de la mise en place d'un dispositif modulable susceptible d'optimiser l'action de chacun pour parvenir à la solution la plus souple, c'est-à-dire celle qui passe par la reddition des preneurs d'otages, du forcené ou du malfaiteur. Une symbiose et une efficacité qui reposent sur le « métier » du GIGN, sachant que chaque intervention a ses propres paramètres, différents de ceux de la précédente, et qu'il appartient à l'unité de s'y adapter, en s'appuyant sur les principes d'exécution et d'action qui lui ont été inculqués. En allant plus loin, je dirais que pour en arriver à cette symbiose, où chacun va faire en sorte que l'autre, son camarade, puisse faire preuve d'encore plus d'efficacité, il y a d'abord tout ce travail quotidien du GIGN, allié à la philosophie de l'unité ; c'est là que se trouve la partie immergée de l'iceberg.

« Cette philosophie, c'est d'abord celle de la gendarmerie, donc en premier lieu l'aspect légal, le cadre légal de l'intervention, avec, en filigrane, le respect de la personne humaine. Et le développement de ce respect de la personne humaine passe d'abord par la formation initiale de nos hommes, qui est très poussée. Déjà, la semaine préalable de tests nous en apprend beaucoup sur les individus, dans les domaines physique, technique et psychologique, et nous permet d'éliminer tous ceux qui, à divers titres, ne semblent pas répondre à ce que nous en attendons. Vient ensuite le stage de deux mois, physiquement très très dur, de jour comme de nuit, où nous ne leur inculquons pas les techniques propres au GIGN, mais au cours duquel nous les plaçons dans des situations propres à les déstabiliser, à les mettre en face d'eux-mêmes, en face de décisions qui engagent la vie en collectivité, avec tout ce que cette vie en communauté demande de respect élémentaire de l'autre. Nous les amenons, aidés en cela par des psychologues, à révéler ce qu'ils ont réellement au fond d'eux-mêmes. C'est une première approche. S'ils sont pris à l'issue de cette période, ils s'engagent alors sur un deuxième stage de huit mois, afin d'y suivre la formation initiale prévue pour le GIGN, avant de passer enfin dans les groupes opérationnels ; certains choisissent auparavant de suivre une formation complémentaire spécialisée de plusieurs mois, comme chuteurs opérationnels, négociateurs ou autres. Ils apprennent ensuite leur métier d'équipier dans les groupes opérationnels et sont alors prêts à partir en intervention. Au fil des années, ils vont avoir la possibilité d'acquérir de nouvelles responsabilités au sein de cellules elles aussi spécialisées : cellule négociation, cellule effraction – il en faut pour pouvoir pénétrer plus facilement à l'intérieur de certains locaux où se sont retranchés des forcenés –, cellule dossiers spéciaux... Chacun va donc approfondir un domaine de prédilection nécessaire à la progression de toute l'unité.

« Tout au long de cette formation, on retrouve, toujours en filigrane, le respect de la personne humaine, comme on le retrouve d'ailleurs dans l'apprentissage et l'usage des armes de tir. Le tir est vraiment quelque chose de très poussé chez nous. L'unité consomme à elle seule un million de cartouches par an, au bas mot. C'est un entraînement quotidien conçu pour acquérir une maîtrise technique de l'arme, de façon à pouvoir en reculer au maximum le seuil d'usage ; le but est de faire en sorte qu'un individu soit appréhendé à mains nues chaque fois que c'est possible, ou du moins avec des techniques très souples. Il n'est donc fait usage de ces armes qu'en cas extrême, s'il y a légitime défense ou nécessité impérieuse. Et si ce recours à l'arme se révèle indispensable, l'objectif immuable est de tirer pour immobiliser et non pour tuer. Pour « neutraliser », selon l'expression consacrée. Derrière l'arme, on voit certes la précision du tir, mais il faut savoir aussi y déceler l'expérience, le respect de l'usage des armes, le respect de la personne humaine qui se trouve en face... Il est ainsi arrivé, une fois, qu'un preneur d'otages soit neutralisé une première fois par l'un de nos hommes dans le bras armé, le droit, et comme il se baissait pour ramasser un autre revolver, qu'il se fasse neutraliser une deuxième fois, par ce même gendarme, dans la main gauche. Il a été blessé aux deux mains, mais il n'a pas été tué. Croyez-moi, il faut une sacrée maîtrise de soi pour se dire “je ne vise que le bras et je suis sûr de moi”, et tout cela en un dixième de seconde. Là, c'est pousser très loin la logique de l'entraînement. Il faut posséder une technique parfaite pour être capable de se dire “tel que je le sens, tel que je suis, là, je vais faire usage de mon arme de façon très retardée”...

« Un autre aspect de la philosophie du GIGN, c'est la polyvalence de chacun dans les domaines principaux : lorsqu'il part en intervention, par exemple, un gendarme de notre unité ne sait jamais quel poste il va occuper. Il fait partie d'un groupe opérationnel où les gens vivent ensemble, travaillent ensemble, s'entraînent ensemble, mais au moment de l'intervention, tantôt il sera tireur d'élite, tantôt ce sera à lui d'être le plus proche de la porte... Cela nous confère énormément de souplesse, si bien que l'une des caractéristiques de l'unité est de pouvoir s'adapter en autant de modules qu'il le faut pour gérer telle ou telle situation. Ces différents modules vont ensuite converger vers l'action ultime qui, parfois, est vraiment très chirurgicale ; il y faut une coordination de tous les éléments en quelques secondes. Tout cela, évidemment, nécessite des années d'entraînement et d'expérience. C'est ce qui fait l'intérêt de l'unité. Cette polyvalence vient aussi du fait que nos hommes ne sont pas des personnes désignées pour être versées dans telle ou telle unité ; nous ne travaillons qu'avec des gens qui ont fait acte de volontariat et qui vivent à un rythme très poussé d'interventions, soixante par an en moyenne. Ce sont des éléments très sollicités, mais dont l'expérience est inégalable.

« C'est d'ailleurs grâce à cette expérience, ainsi qu'à l'analyse des différentes situations que nous effectuons à chaque retour d'intervention, que nous pouvons progresser et, en fin de compte, anticiper sur l'événement. Cela nous permet en effet de déterminer avec assez de précision les lieux de prédilection des preneurs d'otages, par exemple. À nous, donc, de prévoir déjà ces prises d'otages à bord d'avions, de bateaux, de trains ou dans certains bâtiments. À nous encore de nous préparer en conséquence, de bien connaître ces lieux à l'avance et, en fonction de scénarios précis, d'établir ce que nous appelons des "dossiers d'objectif". Mais inutile de se leurrer, nous ne parviendrons jamais à faire le tour complet de tout ce qui, potentiellement, se prêterait à ce genre de scénarios. Au fur et à mesure que l'on avance dans le temps, on sent des évolutions. Nous échangeons d'ailleurs beaucoup d'informations avec des unités étrangères similaires à la nôtre, soit qu'elles aient en partie été formées par nos soins, soit que nous ayons développé avec elles des liens particuliers ; nous savons, à travers ces échanges, que certaines menaces évoluent, qu'elles passent d'un pays à l'autre et se dirigent vers la France, si elles n'y sont déjà présentes. La somme de toutes ces analyses fait que nous envisageons de nouveaux types d'actes de terrorisme susceptibles de requérir notre intervention. Alors, nous nous y préparons. Nous définissons des modes opératoires, nous essayons d'avoir un temps d'avance, en développant de nouveaux matériels, ce qui n'est pas toujours très facile. La gendarmerie est une administration et il faut parfois attendre des années avant d'obtenir ce que nous souhaitons. Nous avons par exemple modifié la conception de nos gilets pare-balles à la suite de Marignane ; eh bien, nous attendons encore les nouveaux... Tandis que, en face, du côté des terroristes, il y a des moyens colossaux... C'est sûr, ce qui fait la force de nos unités, c'est d'abord la foi, la vocation, le respect des lois, tous ces gens qui croient en quelque chose, et d'abord à la République, mais il faut bien reconnaître que sur le plan du matériel, ça ne suit pas toujours, alors que c'est capital, aussi. En revanche, lorsque ce matériel nous est attribué – ça met le temps, mais ça finit par arriver –, nous avons tout ce qu'il nous faut, en quantité comme en qualité.

« La machine GIGN est donc conçue pour intégrer à la fois l'aspect technique, l'aspect humain et l'aspect tactique. La technique, pour nous, c'est l'utilisation d'un matériel, d'une arme, d'un procédé particulier ; la tactique, c'est la coordination des équipes, les notions de lieu, de mobilité, de manœuvre, bref, tout ce qui va permettre à l'intervention de se dérouler au mieux. Quant à l'aspect humain, c'est celui sans lequel l'unité n'existerait pas... »

Vu de l'extérieur, ce gendarme du GIGN finirait pourtant par acquérir des dimensions surhumaines ; à force de monter à l'assaut de forteresses imprenables par tout autre que lui, il ressemble à une sorte de chevalier mythique tout droit sorti de quelque bande dessinée. Une idéalisation presque enfantine que réfute le chef d'escadron Gautier :

– Ça, c'est l'image d'Épinal du GIGN. Nos gendarmes ne sont pas des héros, et le contraire serait d'ailleurs pour nous cause de bien des tracas. Non, si ces hommes parviennent à devenir ce qu'ils sont, c'est d'abord le fruit de la formation que nous leur inculquons tout au long de leur carrière ici. Ils subissent, non seulement dès leur arrivée, mais aussi ultérieurement, des épreuves physiques qui sont autant d'exercices à prédominante psychologique, destinés à les tester pour éprouver leur sens de la décision, de l'initiative et, point capital à nos yeux, leur sens de la mesure. Cette mesure est même une condition *sine qua non* de leur efficacité. Un homme du GIGN qui part en intervention connaît aussi la peur. Il craint pour la vie de l'otage, pour celle du forcené, pour celle de ses camarades et pour la sienne aussi. Il ne part pas la fleur au fusil. Il sait qu'il est engagé sur une crise, et même s'il donne une grande impression de calme, il est malgré tout très conscient de son rôle, de sa place au sein du dispositif et du danger qu'il encourt. Et aussi du danger qu'il ne doit pas faire courir à ses camarades ou à la personne qu'il est chargé d'interpeller avec eux. Il s'agit donc pour nous, au cours des années, de développer chez ces personnes des qualités psychologiques, de les aguerrir, si je puis dire, de développer leurs facultés d'adaptation, de façon à leur permettre de toujours mieux apprécier le terrain, le danger, les situations. Vient ensuite l'expérience, celle de l'épreuve du feu, qui va parfois leur permettre de développer d'autres qualités, dont eux-mêmes, souvent, ne se pensaient pas dotés : des qualités de négociateur ou bien de tireur d'élite, par exemple. Bref, ils vont s'ouvrir à un certain nombre de domaines.

« En fait, si le GIGN agit comme un seul homme sur une intervention, il est néanmoins composé d'une multiplicité d'acteurs. Celui qui est derrière son fusil, le tireur d'élite, à deux cents ou trois cents mètres, ou plus, du lieu de l'action, n'a pas du tout la même relation avec l'événement que celui qui se trouve proche de la porte, prêt à rentrer ; il en va de même avec le négociateur, qui porte aussi une lourde responsabilité dans la réussite de l'opération. Et que dire du coordinateur qui est sur place avec ses gendarmes, qui va devoir les piloter, faire le bon choix ? C'est vraiment un travail où chacun, à son niveau, a son propre rôle à jouer, mais où il faut être très calme, très prudent, très conscient de ses possibilités, et ne jamais, jamais, vouloir jouer les héros ; ce serait le moyen le plus sûr de mettre en péril non seulement sa propre vie, mais surtout celle de ses camarades... C'est vrai que c'est un métier passionnant, mais il n'est pas fait pour les cow-boys. Ça, nous n'en voulons pas ici. »

Tout de même, le citoyen ordinaire, lorsqu'il voit à la télévision des images comme celles de l'assaut de Marignane, se demande légitimement si ces hommes-là peuvent encore mener une vie de famille normale et s'il s'agit d'un élément qui entre dans les critères de sélection ; le GIGN, à l'instar de ce qu'en disait le capitaine Bourgoin pour l'EPIGN, n'aurait-il pas tendance aujourd'hui, sinon à recruter de préférence des célibataires, du moins à se poser la question du bien-fondé d'une telle éventualité ?

– Nous n'avons pas orienté nos tests, absolument pas, répond le commandant Gautier, sur l'aspect familial, en nous disant qu'il nous fallait plus de célibataires, ou moins, ou bien plus d'hommes mariés... C'est vrai qu'il est important pour nous de savoir que l'intéressé est marié, qu'il est équilibré, qu'il a une famille... Comme ça, il sera moins casse-cou. Mais qu'il soit célibataire ne nous dérange pas non plus – je suis d'ailleurs moi-même célibataire. Ce qui est vrai, en revanche, c'est que ce métier est ainsi fait que survient fréquemment, dans les couples, une période critique, en général au bout de quatre ou cinq ans. Nous remarquons alors des difficultés au sein de la famille, qui débouchent parfois sur des divorces. Il y a comme ça des vagues de divorces. J'en ai connu. C'est un phénomène qui concerne les générations de ceux qui sont entrés ici il y a quatre ou cinq ans ; sur une population de dix ou douze hommes arrivés au GIGN à peu près à la même époque, vous avez ainsi, coup sur coup, trois ou quatre divorces. Il faut bien reconnaître que ce n'est pas facile. Le gendarme, ici, vit en permanence au rythme des interventions, au rythme de la disponibilité – il est en alerte à trente minutes une bonne partie de l'année, c'est énorme –, et lorsqu'il part, il est tout naturel que sa famille s'inquiète ; elle ne sait jamais comment ça va se passer, s'il n'y aura pas de blessés, ou même des morts, dans les rangs. C'est extrêmement pesant pour les proches, de voir le père ou le mari vivre ainsi avec une grande intensité, être à droite ou à gauche, rentrer, repartir... La vie familiale en est évidemment perturbée. C'est une épreuve, pour les couples, de devoir vivre à ce rythme-là pendant des années... Nombre d'entre eux n'y résistent pas. Mais pour ceux qui arrivent à franchir ce cap, alors c'est formidable. Car c'est au moment où ces hommes vont devoir quitter le GIGN qu'ils auront le plus besoin de leur compagne et de leurs enfants. Certes, la vie ne s'arrête pas après le GIGN, mais le GIGN apporte beaucoup à cette vie.

Au Groupe de sécurité de la présidence de la République (GSPR), le discours est identique. Unité mixte de police et de gendarmerie créée en 1983 à l'initiative de François Mitterrand, sa philosophie d'action est proche de celle du GIGN : éviter la confrontation jusqu'à la dernière extrémité, c'est-à-dire repousser sans cesse la notion même de légitime défense ; éviter les dommages pour l'ensemble des protagonistes ; agir dans la plus stricte légalité, tant sur un plan national qu'international. Enfin, tout envisager dans le domaine du pire, en anticipant de façon permanente les situations les plus périlleuses et les plus originales susceptibles de se présenter impromptu. Sans oublier la discrétion la plus absolue ; une composante essentielle de sa mission, si bien comprise de ses membres que, durant treize ans, ils partagèrent petits et grands secrets du président Mitterrand sans jamais en trahir un seul. Ce qui implique de la part des hommes du GSPR une moralité à toute épreuve, isolés qu'ils sont dans un milieu où tout est possible. Imaginons un instant aujourd'hui ce qu'il aurait pu advenir si l'un d'entre eux, pour une raison ou pour une autre, s'était confié à un hebdomadaire sur l'un de ces fameux secrets dont il possédait tous les tenants et aboutissants... Voilà sans doute pourquoi François Mitterrand leur accordait une confiance totale. Sans craindre d'aller à l'encontre de toutes les traditions, il exprima la volonté que, le jour de son enterrement, son cercueil soit porté par des hommes du

GSPR. Hormis quelques proches et intimes, seuls ceux-ci eurent d'ailleurs le privilège de venir se recueillir devant son lit de mort. Enfin, suprême hommage pour ces soldats de l'ombre, c'est à l'un d'entre eux que fut donné le chien Baltique, le fidèle labrador qui n'avait pas quitté un instant le pied du lit de son maître tout au long de son agonie. Un geste qui donne la mesure de la dimension affective nouée au fil du temps entre ces gendarmes et le président de la République. Que celui-ci se nomme aujourd'hui Jacques Chirac ne change rien à l'affaire. Le dévouement dont ils font preuve à son égard est le même. Voilà pourquoi quitter un jour le GSPR est pour eux synonyme de déchirement. Et si, comme dans le cas du GIGN, la vie ne s'arrête pas après le GSPR, nul ne saurait dire non plus qu'elle retrouvera un jour cette intensité.

6

Le couloir Whymper

Le Peloton de gendarmerie de haute montagne de Chamonix

À deux kilomètres de Chamonix, sur la route d'Argentière, Les Praz de Chamonix offrent au touriste de passage tout le confort hôtelier de son illustre voisine sans lui en infliger les désagréments inhérents à une telle célébrité : prix élevés, parkings saturés, foules pressées et nuits souvent turbulentes. Rien de cela aux Praz, et surtout pas à la fondation *Maison de la Gendarmerie – Le Régina*, un établissement tout ce qu'il y a de plus convenable, à la clientèle de gendarmes venus ici en famille pour se reposer. Dans ses chambres, l'ordre et la propreté donnent le ton : même en vacances, un gendarme reste un gendarme. Et comme dans toute chambre d'hôtel, posé en évidence sur la table, un dépliant indique aux hôtes les horaires des repas, ceux d'ouverture et de fermeture du bar ainsi que les cent une manières de profiter au mieux des services proposés par cette honorable maison. Dans l'encadré de sa dernière page, une phrase, sibylline à souhait, intrigue toutefois le lecteur attentif : « Tout service n'entrant pas dans les fonctions habituelles du personnel est à éviter. » Qu'est-ce à dire ? Que, parmi ces êtres au visage franc et au corps sain s'immiscerait de temps à autre quelque vieux nostalgique de la coloniale, sollicitant en catimini la soubrette de l'étage pour on n'ose imaginer quel « service » ? À moins que cette mise en garde, telle qu'elle est formulée, ne s'adresse au personnel civil de la maison, dont le comportement irréprochable ne laisse pourtant place à aucune ambiguïté.

Ce point mériterait d'être approfondi si ce n'était l'heure du dîner, servi au 6e et dernier étage du *Régina* ; impossible, en pénétrant dans le restaurant, entouré d'immenses baies sur trois de ses côtés, de ne pas être saisi par le spectacle fabuleux de ce massif du Mont-Blanc, proche à le toucher. On comprend mieux, à le contempler, que des quatre coins du monde arrivent chaque jour des touristes et alpinistes pressés de s'en repaître ou de le vaincre. Mais attention : chaque année le dieu Mont-Blanc exige sur son autel le sacrifice propitiatoire d'un certain nombre d'innocents. Chaque année sans exception, de cinquante à soixante victimes lui sont ainsi offertes pour tenter de fléchir ses colères divines.

Du ciel encore pur du crépuscule, le bruit d'un hélicoptère vient d'ailleurs confirmer brutalement cette exigence. Car cet appareil qui s'apprête à atterrir sur la *DZ* [1], à quelques centaines de mètres du *Régina*, marque la fin d'une intervention héliportée du Peloton de gendarmerie de haute montagne (PGHM) de Chamonix. Une intervention souvent synonyme de drame : sur les sept premiers mois de l'année 1997, le bilan s'établit ainsi à neuf cent onze interventions sur l'ensemble de la Haute-Savoie, dont soixante-six morts, un disparu, six cent quatre-vingt-trois blessés, cent vingt-deux malades et trois cent huit personnes indemnes ; et, pour le seul mois d'août, cent quatre-vingt-deux interventions, dont treize morts, un disparu, cent trente-trois blessés, trente et un malades et soixante-trois personnes indemnes.

Ce mois d'août 1997, les hommes du PGHM ne sont d'ailleurs pas près de l'oublier. Non pas tant en raison de ce nombre élevé de sorties, mais à cause de l'incroyable pression médiatique à laquelle ils ont alors été soumis. Rue de

1. Dropping zone : aire de décollage et d'atterrissage des hélicoptères.

la Mollard, à la gendarmerie de Chamonix, l'adjudant Jean-Pierre Gallay explique l'enchaînement de circonstances qui les a placés dans cette situation :

– Tout a commencé le 23 juillet, lorsque quarante alpinistes se sont perdus dans la descente du Mont-Blanc, sur la voie normale. En fait, il s'agissait de plusieurs cordées, encadrées par des guides allemand, italien et autrichien, dont certaines s'étaient trompées d'itinéraire, entraînant ainsi les autres dans leurs traces. Il faut dire qu'on arrivait sur la fin de l'après-midi, qu'il faisait particulièrement mauvais et que plusieurs demandes de secours nous étaient déjà parvenues de divers endroits. Pour ces quarante alpinistes, c'est un radio amateur qui a le premier reçu leur appel de détresse et nous l'a transmis. Ils disaient se trouver à plus de 4 000 mètres d'altitude et se diriger vers le dôme du Goûter ; aucun d'eux n'était blessé, mais tous étaient fatigués. Les évacuer par hélicoptère ? Impossible, tant les conditions météo étaient exécrables. Mais celui-ci a quand même pu décoller au cours d'une brève éclaircie et redescendre deux femmes au bord de l'épuisement. Pour les autres, il a fallu y aller à pied. C'est vers 20 heures seulement que l'adjudant Régis Michoux et le gendarme Olivier Renard sont parvenus à rejoindre les égarés. Certains d'entre eux avaient commencé à construire des igloos. Michoux et Renard ont commencé par les réconforter, avant de les encourager à les suivre ; rester sur place était trop risqué, à cause de la tempête. Alors ils sont partis, en se guidant avec la boussole et l'altimètre, en direction du refuge du Goûter, les quarante alpinistes dans leurs pas. Vu l'état de fatigue de certains d'entre eux et la météo pourrie – un violent vent d'ouest avait même effacé les traces de la montée de Michoux et Renard et arraché les fanions de balisage qu'ils avaient posés à l'aller –, la progression était très, très lente. N'empêche que, vers minuit, ils ont réussi à gagner le refuge sans qu'il y ait le moindre disparu. De nuit, avec une météo pareille, c'était pourtant ce que nous pouvions craindre le plus. Là, ils ont pu se restaurer et récupérer. Le lendemain matin, comme le temps était encore médiocre,

Michoux et Renard sont partis pour installer une trace correcte jusqu'au refuge de Tête Rousse, à un peu plus de 3000 mètres. Pour les autres, il ne restait plus qu'à la suivre... À 9 h 30, tout le monde était au refuge, sauvé.

« Seulement, voilà, l'histoire de ces quarante alpinistes en détresse avait déjà fait le tour de l'Europe. D'abord parce que personne ne s'attendait à les revoir vivants et que ce sauvetage relevait du miracle, ensuite parce qu'ils représentaient sept nationalités – française, belge, autrichienne, espagnole, italienne, allemande et britannique – et que toutes les radios et télévisions de leurs pays respectifs ne parlaient que de ça. Si bien que cette affaire a pris une ampleur phénoménale et que, en moins de vingt-quatre heures, on a eu sur le dos des dizaines de journalistes. Ce n'était malheureusement pas fini...

« Quatre jours plus tard, le lundi 28 juillet, l'adjudant Régis Michoux, le maréchal des logis-chef Patrick Poirot et le gendarme Alain Iglésis décident de faire, comme exercice d'entraînement, l'ascension de l'aiguille Verte par l'arête des Grands Montets. Ils partent vers 7 heures, en compagnie du docteur Emmanuel Cauchy, un médecin urgentiste de l'hôpital de Chamonix qui travaille souvent avec nous, et vont prendre le téléphérique des Grands Montets, à Argentière, jusqu'à la gare terminale. Leur ascension commence aux environs de 7 h 30. Ils ont formé deux cordées : l'une est constituée de Régis Michoux et de Patrick Poirot, l'autre d'Alain Iglésis et d'Emmanuel Cauchy. Une fois atteint le sommet de l'aiguille Verte, vers 15 h 30, ils prennent la décision de se décorder pour effectuer la descente du couloir Whymper, une pente de neige encaissée entre deux arêtes rocheuses et inclinée à 50° dans sa partie supérieure. Pour des montagnards expérimentés comme eux, c'est la meilleure et la plus adaptée des techniques de progression sur ce type de terrain. La descente de la partie supérieure du couloir Whymper s'effectue d'ailleurs sans le moindre pépin. Mais, alors qu'ils abordent le dernier tiers de la descente, une coulée de neige se déclenche dans le haut du couloir et bouscule

Michoux et Poirot. Cent mètres plus bas, Iglésis et Cauchy ont eu le temps, eux, de se mettre à l'abri. Poirot, déséquilibré, parvient malgré tout à enrayer sa chute, tandis que Michoux, qui se trouve exactement dans l'axe de la coulée, est précipité dans la rigole centrale du couloir par le poids de la neige en mouvement. Il est tué sur le coup. Quand nous l'avons appris, nous étions tous effondrés. Bien sûr, ça fait partie des risques du métier, mais aller se tuer comme ça, quatre jours après avoir sauvé ces quarante alpinistes... À son enterrement, le père Dominique Brêches l'a d'ailleurs rappelé en disant : "Les quarante personnes qui ont été sauvées le 24 juillet ne sauront peut-être jamais la chance qu'elles ont eue de suivre les pas de Régis." Non, ça, elles ne le sauront pas, non...

« Ensuite, comme toute la presse européenne, et même américaine, était là depuis la fausse alerte des quarante alpinistes disparus dans le brouillard et qu'il n'y avait pas une grosse actualité, elle est restée, à tout hasard. Et comme il fallait s'y attendre, les accidents se sont multipliés ; la saison n'a en effet commencé que fin juillet, à cause du mauvais temps, ce qui a créé une véritable ruée sur les sommets dès qu'il y a eu un rayon de soleil. À bien y regarder, quoi qu'on en pense, cela n'a pourtant pas été pire que les années précédentes : vingt-neuf tués pour juillet-août 1996, contre vingt-huit pour juillet-août 1997. Mais quand la presse décide de faire l'événement, elle le fait ; si bien qu'on a vu parfois jusqu'à cinq équipes de télévision sur la *DZ* des Praz. Certains jours, c'était vraiment la foire d'empoigne, là-bas. Nos hommes commençaient à en avoir assez de se faire bousculer en sortant de l'hélicoptère, tout ça pour qu'un photographe puisse prendre des clichés du blessé, voire du cadavre, qu'ils venaient de redescendre. Avec la mort de Michoux en tête, ils trouvaient ça encore plus choquant... Depuis la fin de ce maudit mois d'août, on recommence à respirer. En septembre, c'est vrai que nous sommes beaucoup moins sollicités. Il suffit d'aller à la *DZ* pour s'en rendre compte. »

C'est en effet le grand calme sur la *dropping zone* des Praz, ce 1er septembre. Portes ouvertes, l'Alouette III attend une éventuelle alerte pour décoller. Dans le petit chalet qui leur sert d'abri, les hommes du PGHM regardent la télévision en buvant un café. Il y a parmi eux les deux « premiers à marcher » – contre quatre en pleine saison, soit jusqu'à hier – c'est-à-dire ceux qui sont de garde à la *DZ* de 8 heures (ou du lever du jour en cas d'intervention) à 12 h 30, ou de 12 h 30 à 19 h 30, plus le mécanicien, le pilote de l'hélicoptère et un médecin. Deux « deuxièmes à marcher » peuvent, si besoin est, être opérationnels à la *DZ* dans les vingt minutes qui suivent le déclenchement d'une alerte. Le pilote, l'adjudant-chef Daniel Poujol, du détachement aérien de la gendarmerie de Grenoble, se lève de temps à autre pour aller faire le tour de son appareil, ne cessant d'en vérifier tel ou tel point avec un soin maniaque. Il est vrai que c'est de la fiabilité de sa machine et de sa propre habileté que dépend en grande partie la réussite d'un sauvetage. Or, les difficultés susceptibles d'être rencontrées au cours de celui-ci sont infinies. Son premier souci est le carburant ; il avoue d'ailleurs être toujours sur le fil du rasoir dans ce domaine, afin d'être en mesure d'embarquer le plus de poids possible, soit son mécanicien, les deux secouristes du PGHM et le médecin, tout en tenant compte par ailleurs du poids de ceux qu'il doit aller récupérer. Une question d'habitude, selon lui ; tout dépend de l'altitude et du lieu de l'intervention. Son pire ennemi est le foehn, fréquent dans cette région au printemps et en automne ; au lieu des cent soixante ou cent quatre-vingts litres de carburant qu'il embarque habituellement, il lui faut alors se résoudre à n'en charger que cent vingt, ce qui diminue d'autant l'autonomie de l'hélicoptère, dont la puissance, en plus, décroît avec l'altitude. Autrement dit, il jongle en permanence avec une quantité de paramètres obscurs pour le profane.

– Il est facile de comprendre pourquoi il nous était la plupart du temps impossible d'embarquer en plus des journalistes, ces dernières semaines...

Daniel Poujol n'a pas le temps d'en dire plus. L'alerte vient d'être donnée : une cordée d'alpinistes en train de progresser dans le Mont-Blanc du Tacul a repéré une chute sur la face nord du mont Maudit. Il s'agit d'une cordée de quatre Allemands, originaires de Stuttgart et âgés de 50 à 60 ans, tous parfaitement équipés et entraînés, mais dont celui qui progressait le plus en aval a glissé, entraînant ainsi les trois autres dans sa chute. En moins d'une minute, l'Alouette III a décollé, emmenant à son bord le mécanicien, les deux secouristes du PGHM et le médecin. En parvenant sur les lieux, vers 3 900-4 000 mètres, Daniel Poujol découvre que les Allemands ont découpé un « HELP » dans le tissu de leurs anoraks et l'ont ensuite disposé bien en vue sur la neige. Sait-on jamais, ils tirent même une fusée de détresse en apercevant l'hélicoptère. Par le haut-parleur extérieur de l'appareil, le pilote leur demande alors d'enlever leur « HELP » de fortune, visible de très loin, afin de ne pas multiplier les alertes pour un même cas. Une fois débarqués, secouristes et médecin examinent les alpinistes allemands : deux d'entre eux sont sains et saufs, les deux autres légèrement blessés. Le médecin et l'un des deux secouristes restent donc sur place avec les blessés, tandis que l'Alouette ramène le deuxième secouriste et ceux qui sont indemnes à la *DZ*. Cette première partie de l'opération n'a pas duré un quart d'heure. Aussitôt après avoir remis un complément de carburant dans le réservoir, l'hélicoptère a déjà redécollé vers le mont Maudit. Certes, l'état de santé de ceux qui s'y trouvent encore n'a rien de préoccupant, mais il est préférable de ne pas perdre de temps : une autre alerte peut toujours se produire. Sur le tarmac, entourés de leurs sacs d'équipement, les Allemands s'ébrouent en se donnant de grandes claques dans le dos et, pour fêter ça, en extraient deux bonnes vieilles canettes de bière qu'ils boivent avec des exclamations de contentement. Un flap-flap de pales annonce le retour de l'Alouette. Aidés par les secouristes et le médecin, les deux blessés en sortent, souriants, mais tout de même un peu choqués ; l'un souffre d'un traumatisme crânien léger, l'autre de simples ecchymoses qui ont laissé des traces de sang sur sa barbe grise. On sent qu'il en faudrait autrement plus pour les abattre, nos cousins germains, costauds comme ils le sont. C'est l'instant des congratulations avec, de nouveau, de grandes claques dans le dos accompagnées de vibrants : « Gott sei Dank ! Wir haben Glück gehabt [1]. » Ça, de la chance, ils en ont eu. Interrogés, ils avouent que, faute de secours, ils se seraient préparés à bivouaquer, ce qui, par ce temps en train de virer à la tourmente, n'aurait rien eu d'une partie de plaisir. Avant de monter dans l'ambulance, les deux blessés se font photographier par leurs compagnons. « Ein zoufenir, verstanden Sie ? », proclament-ils à la ronde. Bien sûr qu'elle comprend, l'assistance, que c'est un souvenir. Et un beau, même... Sur ce, un break Peugeot de la brigade territoriale de Chamonix, conduit par un gendarme auxiliaire, prend à son bord les deux Allemands indemnes pour les ramener à leur hôtel, aux Houches. Durant le parcours, Wolfgang et Jürgen – ils tiennent à être appelés par leurs prénoms – reconnaissent avoir eu malgré tout la peur de leur vie. Ce sont pourtant des alpinistes confirmés, qui ont pratiqué, toujours ensemble, un peu partout dans le monde ; quant à leur équipement, c'est ce qui se fait de mieux en la matière ; et puis, là, sans préavis, le pépin, le premier qui leur soit jamais arrivé. Histoire de se remettre les idées d'aplomb, ils demandent dans quel restaurant gastronomique ils pourraient bien aller célébrer ce soir leur sauvetage. « Le meilleur resdaurant de Chamonix, mit beaugoup de fins fins. » D'accord, avec beaucoup de vins fins ; on va vous trouver ça. Et après ce gueuleton, que comptent-ils faire ? Regagner Stuttgart dès le mercredi 3, au lieu du vendredi 5 initialement prévu. Ce retour anticipé prouve bien qu'ils ont conscience d'avoir subi un choc psychologique important. Mais pas au point d'accepter le moindre coup de main pour transférer leur barda dans un 4 x 4 Mercedes garé dans

1. « Dieu soit loué ! Nous avons eu de la chance. »

la cour de l'hôtel Chris-Tal. Une fois ce travail terminé, ils s'enquièrent des démarches à effectuer pour régler les frais de cette intervention héliportée. Le fait qu'elle soit gratuite ne les satisfait pas du tout, bien au contraire ; ils entendent exprimer leur reconnaissance autrement qu'avec des mots. « Alors fous fenez tîner afec nous », proposent-ils. Ce serait avec le plus grand plaisir, mais malheureusement... En fin de compte, seule une promesse de leur rendre visite à Stuttgart atténue quelque peu ce *casus belli* ; avec une accolade à la clé, pour sceller l'engagement. Debout sur le perron, ils attendent le départ de la voiture en agitant les bras ; c'est les adieux de Fontainebleau. Au volant de la Peugeot, le gendarme auxiliaire baisse sa vitre et leur lance : « Dites-donc, pas conduire, ce soir, hein ! » Celle-là, elle est bien bonne ; Wolfgang et Jürgen s'en tapent sur les cuisses : « Ach ! Nein, ce zoir on mange et on poit, c'est dout. » Et ils continuent à jouer les sémaphores sur le perron de l'hôtel pendant que le break s'éloigne. Passé ce moment d'euphorie, il y a fort à parier que les deux compères vont subir le contrecoup de leurs émotions ; si ça se trouve, d'ici une heure ou deux, ils n'auront même plus du tout envie d'aller fêter cet événement ; ou alors, trois verres suffiront pour les mettre dans un état second. Il n'en reste pas moins qu'ils sont chaleureux et savent manifester leur reconnaissance, ce qui fait toujours plaisir aux sauveteurs.

Comme c'est bien souvent le cas, la naissance du Peloton de gendarmerie de haute montagne de Chamonix, voilà quarante ans aujourd'hui [1], est directement liée à une tragédie. Déjà, l'inauguration du téléphérique de l'aiguille

1. D'après le récit paru dans le numéro 155 de *Gendarmerie Nationale*, du mois d'avril 1988, sous le titre « La force de l'âge ». Article non signé.

du Midi – 3 842 mètres – en 1955, permettait à des milliers de skieurs d'effectuer sans peine, mais non sans danger, la prestigieuse descente de la Vallée Blanche. Devant cet afflux soudain, la Société chamoniarde de secours en montagne (SCSM), dépassée, refusa de prendre en charge la surveillance et l'intervention sur cet itinéraire désormais ouvert aux néophytes. Ces milliers de touristes quotidiens posaient des problèmes d'ordre et de sécurité qui, selon elle, étaient du ressort direct de la gendarmerie. Les accidents se multiplièrent donc sans qu'un seul organisme soit en mesure de faire face à cet accroissement spectaculaire. Il faudra attendre le drame de Vincendon et Henry, qui se déroula entre le 26 décembre 1956 et le 3 janvier 1957 dans le massif du Mont-Blanc, pour que l'état-major de la gendarmerie décide de créer une unité spécialisée dans ce domaine. Cette interminable agonie de Vincendon et Henry avait, il est vrai, fortement ému l'opinion publique en lui révélant qu'une opération de secours en montagne pouvait se solder par un échec en dépit de l'importance des moyens engagés. Mais un échec aussi poignant que celui-ci, l'opinion publique n'en voulait plus.

Le 26 décembre 1956, les alpinistes Vincendon et Henry sont en difficulté dans le massif du Mont-Blanc. Ils ont perdu le contact avec la cordée de Walter Bonatti et errent maintenant sur le grand Plateau, à 4 000 mètres d'altitude. À Chamonix, les secours en période hivernale sont, à cette époque, alternativement confiés à l'École de haute montagne (EHM) et à l'École nationale de ski alpin (ENSA). Le 28 décembre, le commandant Le Gall, patron de l'EHM, décide d'intervenir. Le faire au moyen d'une caravane terrestre serait toutefois trop périlleux ; quelqu'un évoque alors la possibilité de recourir à un hélicoptère, idée qui séduit d'emblée les sauveteurs volontaires, dont fait partie Honoré Bonnet. Il est d'ailleurs désigné, avec le moniteur-chef Marchand, pour prendre place à bord de l'appareil. Première complication : l'hélicoptère, un Sikorsky de l'Armée française stationné à Sallanches, est dans l'incapacité de décoller en raison du brouillard qui règne sur place ; à Sallanches, mais pas dans la vallée de Chamonix, où il fait un temps superbe et d'où les gens peuvent même apercevoir, avec des jumelles, les deux alpinistes en perdition ; ils se demandent, incrédules, pourquoi les secours tardent tant. Le 31 décembre, après avoir déjà perdu trois précieuses journées, l'appareil peut enfin prendre l'air ; il effectue un vol de reconnaissance qui l'amène à moins d'une vingtaine de mètres de Vincendon et Henry. Imaginer ce qu'ont pu ressentir à cet instant ces deux hommes perdus sur ce grand Plateau depuis presque une semaine est aisé. Hélas pour eux, ils ont à peine eu le temps de réaliser et de se réjouir que le Sikorsky heurte un pan neigeux et va se coucher un peu plus loin sur le flanc. Il n'y a pas de blessés, mais l'hélicoptère est inutilisable.

Marchand, Honoré Bonnet, Santini, le commandant de bord, et Blanc, le pilote, s'approchent de Vincendon et Henry, qui ont tous deux les pieds et les mains gelés. La meilleure solution, en attendant d'autres secours, est de les placer dans la carlingue de l'appareil. Malgré le beau temps, la température sur le grand Plateau est d'environ moins trente degrés. Toutes les chances de ramener vivants Vincendon et Henry n'est cependant pas encore perdue. Deux alpinistes, Chappaz et Minster, ont pu se faire déposer sur le dôme du Goûter par un deuxième hélicoptère et se dirigent vers le groupe. Marchand et Bonnet décident dans un premier temps de conduire le commandant de bord et le pilote du Sikorsky, mal équipés pour la montagne, au refuge Vallot, à proximité. Ils reviendront ensuite chercher Vincendon et Henry, aidés par Chappaz et Minster qui, d'ici là, les auront rejoints. Nouveau coup dur : ils ont à peine fait quelques centaines de mètres lorsque le pilote tombe dans une crevasse. L'en dégager prend du temps ; il n'y a plus qu'à faire demi-tour et regagner la carlingue du Sikorsky. Chappaz et Minster arrivent enfin ; ils ont pu, en cours de route, placer un jalonnement jusqu'au refuge Vallot. Mais le pilote ne peut quasiment plus marcher, et le commandant de bord ne vaut guère mieux. Il est 16 heures. La décision est prise de gagner le refuge Vallot en deux caravanes. L'une, composée de Chappaz, Minster et le pilote blessé, partira en tête. La seconde, composée de Bonnet, Marchand et le commandant de bord, suivra d'aussi près que possible. Vincendon et Henry sont nourris et mis dans des sacs de couchage ; il faudra venir les récupérer après.

Il est écrit que tout se coalisera contre les sauveteurs : en chemin vers le refuge Vallot, la tempête se lève et les deux caravanes se perdent de vue. La première parvient néanmoins à atteindre le refuge, mais la seconde est contrainte de bivouaquer. Ce n'est que le lendemain à dix heures qu'elle réussit à son tour à gagner le refuge. La tempête va durer quarante-huit heures sans discontinuer. Lorsque, le 3 janvier 1957, le temps se met enfin au beau, une Alouette II se pose à proximité du refuge et, en plusieurs rotations, en redescend vers Chamonix tous les occupants. En survolant la carlingue du Sikorsky, le commandant Le Gall n'y détecte plus aucun signe de vie et décide de suspendre les opérations de secours. D'autres caravanes terrestres partiront dans les jours suivants pour tenter de monter jusqu'à la carlingue de l'hélicoptère. Toutes échoueront. Ce n'est qu'au début du printemps qu'une caravane, dont faisait partie une fois de plus Honoré Bonnet, réussira à l'atteindre et à redescendre les corps de Vincendon et Henry. Le premier était mort dans son sac de couchage, dans la position où les sauveteurs l'avaient laissé le 1er janvier, et le second, qui s'était glissé hors de son sac, gisait près de la porte de la carlingue.

À Chamonix, c'est la consternation ; comme partout en France, d'ailleurs, où ce sauvetage raté a fait couler beaucoup d'encre. Pour Honoré Bonnet, cet échec est dû à la mauvaise adéquation qu'il y a eu entre, d'un côté, un hélicoptère piloté par des personnes connaissant bien leur appareil mais pas la montagne et, de l'autre, des guides connaissant bien la montagne mais pas les possibilités de l'hélicoptère. Le 26 avril 1957, traumatisée, la Société chamoniarde de secours en montagne attire donc l'attention des pouvoirs publics sur les nouveaux problèmes auxquels elle doit faire face du fait de l'augmentation du nombre et de la gravité des accidents en montagne. Elle demande le renforcement des moyens matériels et aériens mis à la disposition des sauveteurs, de l'équipement des refuges du massif du Mont-Blanc et le développement des campagnes de prévention. De surcroît, la SCSM réclame la mise sur pied d'un service de sauvetage au Mont-Blanc placé sous la responsabilité des pouvoirs publics et susceptible d'assumer la responsabilité morale des secours. De son côté, la gendarmerie a pris conscience des difficultés rencontrées par ses unités de montagne pour accomplir leurs missions traditionnelles et participer aux interventions dans un milieu souvent difficile d'accès et toujours dangereux. Des personnels spécialisés seront donc formés à l'École militaire de haute montagne (EMHM) et à l'École nationale de ski et d'alpinisme (ENSA). Le 1er août suivant, la gendarmerie détache à Chamonix un officier, le lieutenant Pigalio, pour assurer le commandement des services de surveillance préventifs. Quelques mois plus tard, appuyé par le chef d'escadron Rigaud, qui commande le groupement départemental de gendarmerie d'Annecy, le lieutenant Pigalio propose la création d'une petite unité spécialisée, appelée Groupe spécialisé de haute montagne (GSHM). Ce premier embryon deviendra par la suite le Peloton spécialisé de haute montagne (PSHM), puis, enfin, en 1971, le Peloton de gendarmerie de haute montagne (PGHM).

Le PGHM de Chamonix et de Saint-Gervais venait donc de naître. Il s'intègre aujourd'hui dans un dispositif de vingt-deux pelotons spécialisés : onze dans les Alpes, cinq dans les Pyrénées, deux dans les Vosges, deux dans le Jura, un en Corse, et un dans l'île de la Réunion. La vocation de ces unités est d'assurer le secours sur l'ensemble des massifs montagneux français.

Avec un effectif d'un officier et de quarante-huit sous-officiers, le PGHM de la Haute-Savoie est, de par sa situation au sein d'un massif dont la renommée nationale et internationale n'est plus à faire, le plus important du pays. Il effectue environ neuf cents interventions par an, soit près de la moitié des missions de secours en haute montagne menées durant la même période sur l'ensemble du territoire ; il a ainsi porté assistance, depuis sa création, à près de douze mille personnes. Unité spécialisée à l'extrême, ce PGHM est en mesure, vingt-quatre heures sur vingt-quatre et trois cent soixante-cinq jours par an, de répondre à toute demande d'intervention. Grâce à l'hélicoptère, les secouristes peuvent être transportés en moins d'un quart d'heure sur n'importe quel point du massif.

À chaque opération, les gendarmes du PGHM effectuent une enquête judiciaire déterminant les causes de l'accident et, s'il y a lieu, les responsabilités. Cet aspect du secours garantit les droits de chacun, en particulier dans les accidents dont les conséquences physiques ou morales peuvent être graves pour les victimes. Ce point-là est d'ailleurs trop souvent oublié, selon l'adjudant Gallay :

– Il faut comprendre que, dans ces accidents de montagne, parfois compliqués, le PGHM représente en quelque sorte les yeux de la justice. S'il y a des tiers ou des professionnels en cause, par exemple, c'est à nous qu'il revient de recueillir d'abord tous les éléments de l'enquête et d'établir ensuite des procès-verbaux pour déterminer les responsabilités de chacun. Nous devons tout prendre en considération, sans omettre le moindre détail. En fait, le gendarme essaie toujours de se mettre dans la position de celui qui va avoir à juger. De plus en plus, il nous est d'ailleurs demandé, dans nos conclusions, un avis technique, voire même de trancher en disant clairement : « Telle personne a commis telle erreur dans telle circonstance. » Nous établissons ainsi un rapport sur chaque intervention, dont les conclusions sont, s'il y a lieu, transmises au procureur de la République avec, fixées de façon impartiale, les responsabilités de chacun. Le gendarme agit là en qualité d'officier ou d'adjoint de police judiciaire et peut donc apprécier, sinon juger, l'action de ses pairs civils. Son avis est souverain et n'est jamais contesté, ce qui dispense de toute expertise complémentaire. Pour nous, quoi qu'il en soit, c'est toujours la victime qui compte, dût tel ou tel guide civil en pâtir s'il s'avère qu'il a bien commis une faute. Dans tous les cas, sans exception, le gendarme est la meilleure garantie de la préservation des droits des victimes.

« Enfin, c'est à nous qu'il incombe aussi d'établir l'identité des décédés, en cherchant une pièce d'identité quelconque dans leur sac ou les poches de leurs anoraks ; et si nous n'avons rien trouvé, par l'intermédiaire de témoins proches des victimes. Notre avis est alors pris en compte à 100 % par les autorités judiciaires du tribunal de grande instance chargées d'établir ce qu'on appelle un "Jugement déclaratif de décès", une pièce évidemment capitale pour les familles. S'il nous est impossible de redescendre immédiatement le corps, le plus souvent en raison des conditions météo, mais parfois aussi parce que celui-ci se trouve, à la suite d'une chute, dans un endroit difficile, voire inaccessible, comme le cas se présente de temps à autre, nous adressons au tribunal un message de "Déclaration de personne disparue mais identifiée" ; les familles peuvent alors s'adresser au tribunal et obtenir ce "Jugement déclaratif de décès" dans les trente jours suivant cette Déclaration. Il n'y a pas si longtemps, ce délai d'obtention était encore de trente ans ! Vous imaginez les complications, entre les conjoints survivants dans l'impossibilité de se remarier et les héritiers obligés d'attendre une... éternité. Ce délai n'avait pourtant rien d'extraordinaire en soi, étant donné que des corps perdus depuis trente ans ou plus dans le massif du Mont-Blanc, figurez-vous qu'il y en a un certain nombre. C'est d'ailleurs la raison pour laquelle, depuis 1959, nous possédons un fichier de ces personnes disparues ; chacune d'entre elles a sa fiche, avec photo, renseignements signalétiques, panoramique dentaire chaque fois que celui-ci est disponible, plus le procès-verbal de la disparition. Pour le seul massif du Mont-Blanc, sans compter Saint-Gervais, donc, ni les victimes des deux longs courriers dia qui se sont écrasés dans le massif au milieu des , cinquante, dont beaucoup sont toujours portées dis- es, ce fichier regroupe à ce jour un peu plus de cent cin- ante personnes de toutes nationalités. Soixante-dix ı'entre elles ont cependant été retrouvées depuis – rejetées par le glacier, parfois vingt ou trente ans plus tard – et sont recensées dans un fichier complémentaire intitulé “Personnes disparues et retrouvées”. Il va de soi que le PGHM est tout ce qu'il y a de plus vigilant sur ces cas de disparition. Il ne les recense comme telles qu'après avoir lui-même exploré le site supposé de la disparition et une enquête des plus serrées. Nous n'adressons donc ce message de “Déclaration de personne disparue mais identifiée” au tribunal de Grande Instance que si notre certitude est absolue. Parce que, là aussi, il pourrait y en avoir, des embrouilles... Tiens, à propos de “disparu mais identifié”, voilà le plus beau spécimen du peloton qui vient nous rendre visite ! »

Ce titre de « plus beau spécimen du peloton », le gendarme Jackie Paillé le mérite amplement, mais dans une autre catégorie : celle des passionnés. À 49 ans, dont vingt-quatre de PGHM, il fait preuve du même enthousiasme que s'il était arrivé ici la veille. Pour cet homme originaire de l'Indre-et-Loire, rien ne laissait prévoir un tel itinéraire, généralement réservé à un montagnard de souche. C'était compter sans la passion, justement. Car dès l'âge de 15 ans, Jackie Paillé n'a plus rêvé que de montagne ; c'est l'alpiniste professionnel Serge Goussaud, dont il a fait la connaissance à la Maison des jeunes de Tours, qui lui a transmis le virus. Le décès accidentel de celui-ci dans les Grandes Jorasses, tout en l'affectant, décidera de sa vocation : gendarme de haute montagne, pour porter secours à tous ceux qui, comme Serge Goussaud, son parrain spirituel, s'y trouvent un jour ou l'autre confrontés à un destin contraire. Et ce sera, après des années d'efforts, le PGHM de Chamonix. Depuis, Jackie Paillé a passé plus de douze mille heures dans le massif du Mont-Blanc. S'il connaît tous les attraits de cette grande dame blanche, il en connaît aussi toutes les perversités ; lui témoigner du respect ne la convainc pas toujours d'épargner ses admirateurs ; c'est son côté mante religieuse. À Jackie aussi un alpiniste allemand voue une reconnaissance sans faille depuis 1984. Et pour cause :

– J'étais parti en course à ski, un après-midi, avec deux camarades, vers le Mont-Blanc. La neige tombait sans discontinuer. En arrivant au refuge des Grands Mulets, deux personnes nous ont signalé qu'elles venaient de découvrir des skis et des bâtons, en ajoutant qu'elles « avaient entendu des cris, plus d'une heure auparavant, dans la face nord ». Nous avons aussitôt donné l'alerte. Mais au fur et à mesure que la nuit approchait, les conditions météo ne faisaient que se dégrader un peu plus. Nous n'avons pu reprendre les recherches que le lendemain, au petit jour, avec des renforts. Mais le brouillard est tombé à ce moment-là et nous ne pouvions plus compter sur l'hélicoptère. Pour nous guider les uns les autres, nous en étions réduits à hurler. Et soudain, nous avons entendu une voix étouffée, une sorte de plainte continue qui nous a conduits vers un homme complètement épuisé, qui s'était réfugié sous un minuscule abri de fortune, tout recouvert de neige. Dieter était au bout du rouleau ; la souffrance l'affaiblissait de minute en minute et il ne pouvait plus avancer. J'ai alors appelé le planton du PGHM, pour lui dire où nous en étions ; coup de chance, Elga, la femme de Dieter, se trouvait à côté de lui, impatiente de savoir comment se déroulaient les secours ; elle a pris le micro, a parlé à son mari, l'a encouragé, l'a supplié de ne pas baisser les bras, et le miracle a fini par se produire : Dieter s'est relevé en titubant, il a fait un pas, deux pas, puis, lentement, il s'est remis à marcher, jusqu'au refuge... Depuis, c'est vrai, il m'écrit tous les ans pour me dire qu'il pense chaque jour à ce sauvetage, qu'après ça il a commencé une nouvelle vie, grâce au hommes du PGHM... C'est sympathique de sa part, ça nous fait plaisir, évidemment.

Évidemment. Mais des lettres de ce genre, ils doivent en recevoir des quantités, non ? L'adjudant Gallay répond en toussotant que, par rapport au nombre d'interventions, ce volume de courrier ne dépasse pas les 5 %... Silence gêné.

Comme pour exonérer de leur muflerie les 95 % de secourus qui n'écrivent jamais le moindre mot, il ajoute très vite : « Oui, mais nous venons d'en recevoir une de cinq pages du Japon... Elle est en cours de traduction, d'ailleurs. » Jackie Paillé, de son côté, enchaîne sur sa façon d'aborder les blessés lorsqu'il arrive sur les lieux d'une intervention :

– Vous savez, il est primordial d'établir immédiatement le contact avec eux, en commençant tout bêtement par leur dire « bonjour ». Déjà, ce simple mot les rassure, ils sentent que leur interlocuteur est là pour les aider, faire tout ce qu'il peut. S'ils sont conscients, il ne faut jamais cesser de dialoguer avec eux, sans arrêt, pour les empêcher de se laisser aller... Et pour ceux qui se trouvent pris dans une crevasse, dont nous savons parfois qu'il sera long de les extraire, là, il faut par tous les moyens tenter de les « distraire ». Ce n'est pas toujours facile, mais on y arrive, y compris en les faisant chanter, par exemple. Ça peut paraître déplacé ou idiot, mais non, je vous assure, c'est essentiel pour que, là non plus, ils ne se laissent pas « glisser »... D'une façon ou d'une autre, toujours maintenir un dialogue avec eux, jusqu'à ce que l'hélicoptère se pose sur la *DZ*.

L'autre versant de la passion du gendarme Jackie Paillé, c'est le matériel. La montagne exige deux choses, selon lui : une totale disponibilité et le matériel le plus performant possible. Voilà pourquoi quelques camarades et lui ont créé, au sein du PGHM, une cellule de recherche de création et de perfectionnement des matériels de secours.

– Nos outils sont souvent mal adaptés, remarque-t-il. Or, en en modifiant certains éléments, nous accroissons notre propre sécurité, et celle des victimes sur le lieu d'intervention, par conséquent, tout en gagnant un temps précieux. Un temps souvent vital, même, pour ne pas dire toujours. La création de cette cellule est le résultat d'une initiative spontanée de bénévoles, nécessitée par l'évolution des techniques de l'alpinisme. Or, vu l'étroitesse du marché, les industriels concernés ne voyaient, eux, aucun intérêt dans ces recherches. Il fallait donc nous y coller, nous. Et aujourd'hui, nous sommes six à nous en occuper. Nous nous réunissons régulièrement le soir pour discuter des problèmes rencontrés pendant notre travail ; c'est ainsi que naissent les idées, qu'il nous faut ensuite coucher sur le papier, en élaborant des plans très précis, avant de concrétiser le tout. D'accord, nous bricolons un peu, mais des personnels qualifiés nous conseillent pour le choix des matériaux et la conception se fait avec des entreprises de la région, et même des entreprises étrangères, parfois. Pour ce qui est de tester ensuite le matériel sur le terrain, c'est le boulot de nos collègues. Nous leur proposons un produit, à eux de le tester et de nous dire comment nous pourrions encore l'améliorer, selon eux.

En vingt ans, force est de reconnaître que cette cellule a fait des merveilles dans de multiples domaines : celui des treuils, passés de vingt-cinq mètres à quarante mètres de longueur de filin, ce qui permet à l'hélicoptère d'être beaucoup plus opérationnel dans de nombreux cas, dans celui des traîneaux polyvalents de la gendarmerie (TPG) pour redescendre les blessés, ainsi que dans la mise au point d'un « sac avalanche », dont la particularité est de contenir un système de signalisation post-avalanche, utilisant un langage international de formes et de couleurs – le PGHM s'était en effet rendu compte que les sauveteurs ne parlaient pas tous le même langage lors d'opérations de secours sur un site d'avalanche – et de servir d'autre part à baliser le terrain de façon très précise, sans oublier la moindre zone. Soit autant de produits réalisés par la cellule, dont l'efficacité a été telle que tous les responsables des secours des pays alpins – France, Suisse et Italie – qui se réunissent une fois par an pour une *Triangulaire*, afin de comparer leurs nouveaux matériels –, s'y sont vivement intéressés et les ont souvent adoptés. Tout comme les pays de cette *Triangulaire* ont d'ailleurs décidé, lors de leur réunion du mois de mai 1998, de communiquer désormais sur une seule et même fréquence, ce qui permettra une meilleure organisation des secours dans l'ensemble du massif du Mont-Blanc. Mieux encore, le nouveau traîneau polyvalent de la gendarmerie, évidemment toujours hélitreuillable mais beaucoup plus maniable que le précédent grâce à une coque ultra-légère, dont la conception est due, elle aussi, à la seule cellule du PGHM : il va désormais être produit par une société milanaise de haute technologie, spécialisée dans la fabrication de matériaux synthétiques, utilisés par exemple dans la composition des coques de voitures de Formule 1. Construit en trois éléments repliables, son extrême légèreté permet de le transporter aisément à dos d'homme sur un sentier escarpé. L'industriel milanais espérant pouvoir en ramener le poids total à six ou huit kilos, ce nouveau TPG, sans équivalent dans le monde, fait déjà l'objet de très nombreuses options émanant des Canadiens, des Suisses, des Italiens et d'autres encore. Idem pour le treuil-valise à moteur thermique, extraordinaire outil que toutes les nations alpines envient au PGHM, indispensable pour aller chercher un blessé dans une crevasse, développé lui aussi par et pour la gendarmerie, sans recherche préalable de partenariat, et qui est maintenant commercialisé par une société savoyarde.

Dans le sous-sol de la caserne Anselme [1], où se trouve l'atelier de la cellule, le major Pierre Raveneau, vingt et un ans de « boutique », est à son affaire ; tel Ali Baba dans sa caverne, il montre avec jubilation quelques-unes des trouvailles qu'il vient d'évoquer, dont le traîneau révolutionnaire et le treuil-valise ; deux inventions du PGHM de Chamonix dont même le béotien peut immédiatement se rendre compte de l'atout primordial que constitue leur maniabilité ; bras droit du capitaine Gin, qui commande le peloton, le credo du major Raveneau tient en une phrase unique : « S'impliquer complètement pour aller sauver des cordées, quitte à en perdre la vie, est quelque chose qui nous fait vibrer. » Voilà, exprimée de façon concise, toute la philosophie de ces hommes, d'une confondante modestie

1. Du nom du gendarme Christian Anselme, décédé au cours d'un sauvetage dans le couloir Cordier, à l'aiguille Verte.

apprise au contact quotidien de la montagne. À lui aussi, cette cellule de recherche est chère, car c'est également grâce à elle que les délais d'intervention sont sans cesse améliorés et que cet objectif permanent de soustraire au plus vite la victime à la montagne peut être atteint ; or, lorsqu'une vie ne tient plus qu'à une ou deux minutes, chaque seconde de gagnée est déjà un pas de géant. Que le PGHM lui doive une bonne partie de sa renommée internationale n'est donc que justice. Pierre Raveneau souligne cependant que ces matériels, très onéreux – les « sacs avalanche », par exemple, reviennent entre trois mille et quatre mille francs l'unité – n'auraient souvent pu être développés sans le concours de mécènes, français ou étrangers ; d'authentiques philanthropes qui tiennent à leur anonymat. Quant à l'avenir de la cellule, il se veut optimiste : « Certes, la cellule a une ossature d'anciens, mais des jeunes y sont aussi entrés. Alors, malgré le départ à la retraite de quelques-uns, nous avons de bonnes raisons d'espérer la voir poursuivre dans cette voie. Oui, je pense que la relève est assurée. »

Beaucoup d'appelés et peu d'élus : ainsi se présente, depuis toujours, cette relève. Beaucoup d'appelés, parce que les candidats sont légion. Déjà, lorsque paraît dans la presse quelque article élogieux sur l'attitude des hommes du PGHM, ou, mieux encore, s'il advient qu'une émission de télévision fasse état de l'une de ses récentes interventions et en loue la conduite, ce sont alors cinq à six demandes d'engagement qui arrivent sur le bureau du capitaine Gin ; auquel cas une information complète, sur la gendarmerie en général et sur le PGHM en particulier, est envoyée par retour aux postulants. Toutefois, le plus gros de ces demandes est le fruit des opérations de prévention que mène tous azimuts le PGHM : conférences dans les écoles secondaires savoyardes – une centaine par an –, articles dans la presse écrite et audiovisuelle nationale et régionale, visites régulières aux offices du tourisme de Haute-Savoie, conférences auprès des médecins et infirmiers français et étrangers, auprès des pisteurs et secouristes, entraînements avec les associations de maîtres-chien d'avalanche, expositions dans les grandes surfaces, réception des multiples délégations – d'un groupe de religieuses de Namur en passant par un évêque aux armées – qui, du premier au dernier jour de l'année, convergent vers Chamonix et, bien entendu, information dans les centres de recrutement de la gendarmerie répartis sur tout le territoire. De quoi drainer bien des vocations.

Bien peu d'élus, parce que n'entre pas qui veut dans un PGHM. Il y faut non seulement une aptitude physique hors pair, mais aussi un exceptionnel ensemble de qualités humaines. Ce qui revient à dire que sur cent candidats, entre cinq et dix seulement parviendront jusqu'au saint des saints. Des chiffres qu'il vaut mieux avoir en tête avant de se lancer. En se demandant toujours si, physiquement et moralement, on se sent capable d'assumer en haute saison une moyenne de quinze interventions quotidiennes. Car si le PGHM est, parmi les unités spéciales de la gendarmerie, l'une des plus prestigieuses, c'est aussi celle où l'on court le plus de risques et où ces risques sont les plus sanctionnés. Mais celui qui, à force d'obstination, a réussi à franchir tous les barrages qui en filtrent l'accès doit savoir que, dès lors, son chemin est tout tracé ; et pour longtemps. Au contraire des unités traditionnelles de la gendarmerie, où la mobilité est plus que jamais à l'ordre du jour, le PGHM n'apprécie guère, lui, de devoir se séparer d'hommes qu'il a mis des années à former et dont les capacités opérationnelles constituent un inappréciable capital technique et humain.

Les alpinistes sont des matinaux, et les alpinistes japonais plus encore ; ils déambulent dans les rues encore peu fréquentées de Chamonix, harnachés de pied en cap. Rue Joseph-Vallat, quelques-uns d'entre eux contemplent les vitrines de la librairie Jean Landru, dont ils commentent celle consacrée aux ouvrages sur la montagne ; tous les noms illustres sont là, qui évoquent les épopées de naguère : Honoré Bonnet, Walter Bonatti, Edward Whymper... C'est au demeurant à cette grandissime figure de l'âge d'or de l'alpinisme, qui mourut ici en 1911, que l'on doit ce conseil, toujours d'actualité : « Grimpez si vous le voulez, mais souvenez-vous que le courage et la force ne sont rien sans la prudence et qu'un moment de négligence peut détruire le bonheur de toute une vie. » Plus loin, place du Triangle-de-l'Amitié, un autre groupe attend l'ouverture imminente de l'office du tourisme ; déjà, placés à l'extérieur, des tableaux indiquent les prévisions météorologiques pour la journée. À côté, une affiche délavée rappelle qu'un concert de plein air a récemment été donné, place des Séracs, par le groupe « Otite Chronique ». Chamonix, en cette fin d'été, a la sérénité communicative. Tout y est tranquille et hospitalier, jusqu'au Mont-Blanc qui a lui-même pris des allures débonnaires.

– C'est justement cette apparence débonnaire du massif du Mont-Blanc et de la Vallée Blanche qui est trompeuse, dénonce le capitaine Gin. Ce n'est qu'un piège ; la montagne est toujours dangereuse et on ne pourra jamais l'aseptiser. Si les gens ne prennent pas cet élément en compte, ils en paient les conséquences.

Jean-Claude Gin ne s'embarrasse d'aucune circonlocution pour dire ce qu'il pense. Commander le PGHM de Chamonix lui a d'ailleurs appris qu'il ne servait à rien de tergiverser. Seule exception, peut-être, pour les médias, avec lesquels, par nécessité professionnelle, il a dû parfois composer, même à contrecœur, comme au cours de ce mois d'août 1997 où, vraiment, certains ont fait du catastrophisme à outrance. Mais s'il se prête avec naturel au jeu de la télévision – information et prévention obligent –, il n'est pas dans son tempérament de se complaire à ce jeu de vedette fortuite de l'actualité télévisée. Il juge qu'il a mieux à faire ; et aussi beaucoup trop à faire. Ses quatre années à la tête du PGHM ne lui ont guère laissé de temps libre, ce qui lui convient sans doute très bien. Et lorsqu'il parle des chausse-trappes de ce massif du Mont-Blanc, il le fait en connaissance de cause, tout comme lorsqu'il s'agit d'évoquer les comportements de son prochain dans ce milieu aussi grandiose qu'hostile.

– Le massif du Mont-Blanc a ceci de particulier qu'il s'étend sur onze kilomètres de large pour vingt de long seulement. Si bien que, en haute saison, c'est-à-dire essentiellement lors des mois de juillet et d'août, l'agglomération de Chamonix grimpe à une centaine de milliers de personnes et que, sur ce nombre, vous en avez quotidiennement autour de six mille qui se promènent au-dessus de 2000 mètres. Cette fréquentation, je devrais même dire cette surfréquentation, est encore accentuée par l'extrême accessibilité des sites : entre le téléphérique de l'aiguille du Midi qui monte à plus de 3 800 mètres, celui des Grands Montets à plus de 3 200, ceux du Brévent et de l'Index à plus de 2 500, plus ceux du Prarion et de Bellevue qui frôlent les 2 000 mètres, les touristes et les alpinistes se retrouvent vite à des hauteurs conséquentes. Or, tous ces gens arrivent ici pour « consommer » de la montagne, le plus souvent sans savoir que le « produit » n'est pas neutre, loin de là. La montagne n'est pas à l'échelle de l'homme et il faut s'y résoudre ; et c'est ce rapport qui est aujourd'hui faussé. Car si l'on entend rester libre, il faut en accepter les contraintes ; une évidence qui est exacerbée en haute montagne. Ce n'est malheureusement pas du tout le cas à l'heure actuelle, bien au contraire : les gens ont l'habitude d'être pris en charge et, si quelque chose cloche, considèrent que le fait d'en appeler à nous est parfaitement normal. Ils s'en remettent aux secours en sachant que le PGHM intervient toujours dans les délais les plus brefs possibles. Ce sentiment de sécurité vient aussi de ce que le massif étant extrêmement fréquenté, il y a toujours quelqu'un pour voir quelque chose et que l'alerte est donc donnée dans des délais très courts. Le téléphone portable, qui est un instrument formidable lorsqu'il est bien utilisé, n'a fait qu'accentuer cette dérive. Voilà pourquoi nous sommes de temps en temps un peu choqués par des demandes de secours qui ne sont pas vraiment justifiées. Alors, faire payer ces secours, comme cela se pratique dans certains pays, comme en Suisse et en Italie, par exemple ? Ce serait une fausse solution : les plus aisés souscriraient des assurances et, forts de cette couverture, n'hésiteraient plus à nous solliciter pour n'importe quel bobo ; quant à ceux qui n'auraient pas les moyens de prendre cette assurance, les plus modestes, donc, ils seraient de toute façon insolvables. C'est vrai, en particulier, de tous ces alpinistes qui arrivent, de plus en plus nombreux, des pays de l'Est ; ce sont pour la plupart des gens d'expérience, mais dont l'équipement, souvent très lourd, s'avère de surcroît de mauvaise qualité. Il n'empêche que nous nous inquiétons un peu, au PGHM, de ce rapport faussé entre l'homme et la montagne, surtout pour l'avenir. Mais parler d'inconscience généralisée à ce propos ne correspondrait pas non plus à la réalité. Rapportée à six mille personnes, cette moyenne de quinze interventions par jour est encore correcte.

« Dans l'ensemble, les gens sont aujourd'hui mieux équipés et ils s'informent mieux ; vous les voyez chaque matin examiner les panneaux, devant l'office du tourisme, avant de se lancer. Mais lorsqu'on est bien équipé et bien informé, l'effet pervers est qu'on oublie parfois de faire le point sur ses propres capacités physiques et techniques ou sur celles de l'ensemble du groupe. Pour les pratiquants, outre les précautions d'usage – entraînement, équipement, renseignements sur l'état de la montagne –, le plus important est d'anticiper, c'est-à-dire de vérifier l'état de leur matériel, d'anticiper sur la météo et, surtout, sur leur état de fatigue. Il faut absolument, lorsqu'on est dans l'action, avoir le réflexe de se demander si l'on continue ou non. Car faire la course à tout prix, c'est s'exposer aux accidents. Celui qui a la plus grande force de caractère est donc celui qui sait renoncer à temps. Ce réflexe ne ressortit pas de la culture de masse mais de la seule maturité des individus. Voilà d'ailleurs un point sur lequel nous insistons toujours dans nos campagnes de prévention.

« Toutes ces campagnes n'empêchent pas que, d'une année sur l'autre, nous constatons une légère, mais régulière, augmentation du volume des secours. Les accidents touchent tout le monde, aussi bien les personnes expérimentées que celles qui le sont moins ou pas du tout. Avec de plus en plus de petite traumatologie, d'entorses surtout. Cela tendrait à prouver que les gens sont soit moins préparés, soit moins résistants, en tout cas moins « rustiques » qu'auparavant. C'est dû à l'évolution de nos modes de vie. Autre nouveauté : ils s'inquiètent de plus en plus des conséquences possibles d'une entorse, par exemple, sur les suites de leur carrière professionnelle ; sans doute à cause du chômage.

« Quoi qu'il en soit, toutes les demandes de secours sont indistinctement prises en compte et traitées par le PGHM. Elles le sont immédiatement ou très rapidement, mais il arrive parfois que nous soyons obligés d'attendre un certain délai, en raison des conditions météo ou d'un manque d'information, par exemple, afin d'optimiser les chances de réussite de l'intervention. Le secours en montagne, il faut le savoir, n'est pas forcément une prestation immédiate ; il peut durer cinq minutes ou plusieurs jours, son seul but étant une meilleure efficacité. Ce qui est certain, c'est que le PGHM fait toujours tout ce qu'il est possible de faire pour réussir. Mais nous avons des échecs, bien entendu.

« En ce qui concerne le PGHM lui-même, il ne s'est pas fait en un jour, évidemment. Il est la conjonction de la façon dont la France s'est décidée à traiter le problème du secours en montagne après la mort de Vincendon et Henry, en 1957, et la fréquentation du Mont-Blanc, le massif sans doute le plus couru de la planète. Ce PGHM de Chamonix, en particulier, est devenu ce qu'il est aujourd'hui uniquement parce qu'il est à Chamonix. Et s'il a pu atteindre ce point de technicité, c'est parce qu'il doit assumer au mieux cette quinzaine d'interventions quotidiennes en haute saison. Il n'y a pas de mystère. Voilà la raison pour laquelle nous pouvons affirmer sans fausse modestie qu'il est à l'heure actuelle la première unité de secours en montagne au monde, tant sur le plan du volume que sur celui de la technicité. Ce n'est pas le fait du hasard, au demeurant, si les gouvernants népalais nous ont sollicités pour que nous exportions chez eux nos techniques de travail. En fait, le PGHM est sans équivalent, du moins si l'on excepte ce que parviennent à réaliser les équipes canadiennes, *grosso modo* aussi performantes que les nôtres. Chez eux, c'est le personnel des parcs nationaux qui a la charge du secours aux touristes ; dans le parc national de Banff, près de Calgary, il y a ainsi dix gardes de haute montagne parfaitement formés et entraînés. Ce n'est pas du tout la même chose aux États-Unis, où tout le système repose sur le bénévolat ; chaque État possède sa propre structure et recrute ses bénévoles selon ses propres critères, ce qui aboutit à d'incroyables disparités de compétence. Comme, d'autre part, ces secours en montagne sont payants, avec tout ce que cela induit de dérives possibles, il n'est pas étonnant que, dans ce domaine, ils soient à la traîne par rapport aux Français et aux Canadiens. Autre handicap pour eux : non seulement leurs hélicoptères se posent longtemps après sur les lieux de l'intervention, mais, en plus, ils n'embarquent pas de médecin à leur bord ; ils se contentent de paramédicaux inaptes à traiter sur place des problèmes graves ; alors que, pour nous, la présence d'un médecin est synonyme d'efficacité accrue et de progression constante de nos méthodes ; il serait d'ailleurs impensable de nous en passer. Ici, nous fonctionnons en permanence avec trois médecins de l'hôpital plus deux autres de l'École militaire de haute montagne (EMHM) de Chamonix. Cinq médecins se partagent donc la permanence et l'un d'entre eux est toujours présent à la *DZ* des Praz. Et si nous avons plusieurs secours à mener de front, nous pouvons encore faire appel à d'autres médecins de l'hôpital non prévus dans le rôle. Cette présence du médecin dans l'hélicoptère est pour nous capitale ; une fois sur place, c'est à lui d'évaluer la stratégie à mettre en œuvre ; en général, celle-ci est un savant dosage entre la tendance anglo-saxonne, qui est de localiser la victime et de la ramener au plus vite vers l'hôpital – ce que les Britanniques appellent le "scoop and run", c'est-à-dire le "ramasse et fonce" – et notre propre conception, qui consiste à faire un maximum sur les lieux mêmes de l'intervention avant d'évacuer les blessés. Ce qui ne nous empêche pas de tenir compte des autres risques dus à l'altitude, comme la déshydratation, l'hypothermie, ou le manque d'oxygène, ni de la nécessité, pour l'hélicoptère, de pouvoir repartir au plus vite vers les lieux d'une nouvelle opération. Qui plus est, nos hommes ne cessent de s'entraîner en compagnie de ces médecins, afin d'être en mesure de les seconder sur place le mieux et le plus rapidement possible, en s'occupant seuls de mettre les blessés sous perfusion, par exemple.

« Il n'y a pas à s'en cacher, notre métier est usant, tant physiquement que moralement. Pas un seul des membres du PGHM qui n'ait un jour ou l'autre été personnellement confronté à une situation périlleuse. Ce qui explique aussi le nombre de nos blessés, d'ailleurs plus important à l'entraînement que lors des opérations de secours ; dans ces cas-là, ils sont utilisés à la formation des jeunes, à diriger d'en bas ces interventions et restent disponibles, si leur état le permet, pour celles de grande ampleur, comme la recherche de disparus après une avalanche. Depuis sa création, le PGHM de Chamonix a perdu six hommes, soit en opération, soit à l'entraînement ; tous avaient une très grande expérience. Voilà pourquoi nous nous remettons sans cesse en question. De toute façon, la montagne se charge de vous apprendre la modestie.

« Un autre aspect de notre travail, moins connu du public mais quand même important à nos yeux, c'est de nous occuper des familles des victimes lorsqu'elles arrivent ici. Recevoir des personnes qui viennent parfois de l'autre bout de la terre, leur raconter dans quelles circonstances leur fils ou leur fille est décédé, puis les conseiller pour tout ce que ce drame implique de démarches administratives et autres, eh bien, ce n'est pas toujours facile. Mais qui s'en chargerait, sinon ? »

Le capitaine Gin omet volontairement de dire deux choses : d'une part, que l'aide apportée par le PGHM à ces familles n'entre pas, à proprement parler, dans le cadre de sa mission et qu'il le fait donc par pur altruisme, d'autre part, que cette assistance ne se limite pas à ce cas de figure : tous les blessés, sans distinction de nationalité, dont il a eu à s'occuper et qui ont ensuite été hospitalisés à Chamonix, reçoivent en effet, au moins une fois par semaine, la visite de l'un de ses hommes. Comme ça, par gentillesse ; et parce que, selon sa propre conception, la solidarité entre montagnards l'exige.

C'est le 16 février 1791 que naquit, avec la loi d'organisation générale, la gendarmerie moderne. Cette loi précisait en effet, dans son article 1 : « La maréchaussée portera désormais le nom de gendarmerie nationale. » Au fil du temps, c'est aussi devenu une journée consacrée à un hommage aux morts de la gendarmerie, victimes du devoir au cours de l'année écoulée.

Ce matin du 16 février 1998, tout ce que l'état-major de la gendarmerie d'Île-de-France compte d'officiers supérieurs est présent dans la cour d'honneur des Invalides, fermée au public pour l'occasion ; de hauts magistrats, dont Pierre Truche, premier président de la cour de cassation, sont également venus. La batterie-fanfare de la Garde républicaine s'est installée devant l'entrée de l'église Saint-Louis ; en vis-à-vis du pupitre d'où, tout à l'heure, le ministre de la Défense va prononcer son hommage, deux cavaliers à pied en grand uniforme ont pris place sur la galerie surplombant la cour, entre deux piliers. Un soleil d'hiver joue de temps à autre sur leurs casques et leurs sabres, au gré des nuages qui apparaissent et disparaissent. Accompagné de Bernard Prévost et d'Yves Capdepont, respectivement directeur général et major général de la gendarmerie nationale, Alain Richard arrive enfin. Il passe en revue les officiers, disposés en carrés stricts de chaque côté de la cour d'honneur, puis gagne son pupitre, tandis que la batterie-fanfare joue les premières mesures de la *Marseillaise*. Le ministre salue « avec émotion le dévouement absolu de ceux qui ont mérité plus que notre reconnaissance : notre admiration », et entame la lecture des noms de ceux qui, dans le courant de l'année 1997, ont trouvé la mort en service : ... René Frau, major au PSIG de Fréjus, tué le 17 mai 1997 lors d'une opération de police judiciaire..., Alain Legendre, adjudant-chef à l'escadron XII/3 de gendarmerie mobile de Lucé, tué le 26 mai 1997 lors d'une opération de police judiciaire..., Régis Michoux, adjudant au PGHM de Chamonix, décédé le 27 juillet 1997 au cours d'un exercice d'entraînement dans le massif du Mont-Blanc... Les nuages ont d'un seul coup gommé les reflets du soleil sur les casques et les sabres des deux gardes républicains postés sur la galerie. Le ministre en a terminé ; douze noms ont été cités. La batterie-fanfare joue maintenant des airs de circonstance, avant de saluer le départ des personnalités par une ultime *Marseillaise*. C'est fini. Sur la galerie, des touristes, retenus là en sortant de leur visite du musée, filment la scène sans trop savoir de quoi il s'agit. De cette cérémonie, dépouillée à l'extrême, ce qu'ils ont pu voir et entendre suffisait cependant pour qu'ils en perçoivent, même confusément, la signification profonde et en apprécient la solennité. La gendarmerie vient d'honorer ses morts. Nul doute que, au PGHM de Chamonix comme ailleurs, leurs camarades ne se soient associés à cet hommage.

7

Le gendarme dans tous ses états

Véhiculés par des générations successives de Français volontiers frondeurs et enclins à brocarder toute institution, un cliché tenace nous présente le gendarme comme un personnage pas très futé, facile à berner et courant après les voleurs de poules. Il roule les r en même temps que les yeux et son discours est tout ce qu'il y a de primaire. Une silhouette qui fait partie de notre paysage familier, de notre patrimoine diraient certains, mais dont les contours sont figés. Des milliers et des milliers de caricatures ont, depuis plus d'un siècle, fini par imposer cette image ; elle est ancrée dans nos esprits. Plus récemment, nombreux furent les films à reprendre cette vision simpliste du gendarme : on le vit ainsi, dès 1907, dans *Robert Macaire et Bertrand*, de Georges Méliès ; dans *Regain*, de Marcel Pagnol, en 1937 ; sous les traits de Rellys, Maurice Baquet et Robert Déhry dans *Les Aventures des Pieds nickelés*, de Marcel Aboulker, en 1947 ; incarné par Bourvil dans *Le Roi Pandore*, d'André Berthomieu, en 1949 ; et, bien entendu, interprété par Louis de Funès, Michel Galabru et Jean Marin dans la série des *Gendarmes*, de Jean Girault, au cours des années 1960 et 1970 ; plus récemment encore, il apparut aussi dans *Les Visiteurs* de Jean Poiré, en 1992. Mais s'il fallait établir une filmographie exhaustive de toutes ses apparitions cinématographiques, nous n'en sortirions pas. Aussi comiques soient-ils, ces films ne l'ont guère montré à son avantage, il faut en convenir. Ils perpétuaient le cliché du « pandore », celui du Guignol de notre enfance, souvent maladroit dans la poursuite de sa mission, régulièrement aux ordres de la police – ce qui n'est jamais le cas dans la réalité –, ou bien incapable de se sortir d'une situation plus ou moins ridicule, sinon franchement grotesque. Le cinéma, ainsi, avait pris le relais des caricaturistes. Ce que fit également de son côté, à quelques variantes près, la littérature populaire. Sans parler des innombrables chansons de comiques troupiers, dont quelques-unes sont encore dans nos mémoires. Or, qu'on le veuille ou non, ces caricatures ont terriblement vieilli.

Que penseraient aujourd'hui ces mêmes spectateurs ou lecteurs si, par exemple, au cours d'une visite à l'Institut de recherche criminelle de la gendarmerie nationale (IRCGN), à Rosny-sous-Bois, ils avaient l'occasion de discuter avec un gendarme – entendons par là un gendarme non gradé –, vêtu d'une blouse blanche, dont ils apprendraient, au détour d'une phrase, qu'il est docteur en géologie ? Et que penseraient-ils de tous ces gendarmes, informaticiens de haut niveau, qui travaillent également à Rosny, où ils ne cessent de créer et de développer des programmes destinés à lutter d'une façon toujours plus efficace contre toutes les formes modernes de criminalité ? Et de ceux qui, dans des sections de recherches de métropoles provinciales, sont parvenus à démanteler des réseaux entiers de pédophiles profitant de l'anonymat, très relatif, de l'Internet pour assouvir leurs fantasmes ? Rien d'étonnant, alors, si le gendarme d'aujourd'hui est parfois quelque peu agacé par ces clichés désuets, qui ne correspondent en rien à la réalité. Une réalité tout autre. On n'entre pas de nos jours en gendarmerie pour y trouver une sinécure. Ni pour pantoufler dans une brigade territoriale de préférence proche de sa région d'origine. Celui qui s'imaginerait cela commettrait une erreur de taille. En fait, une erreur rédhibitoire pour la suite de sa carrière. Car ce gendarme-là n'a plus sa place dans l'institution.

Lorsqu'il choisit ce métier, le gendarme est désormais parfaitement conscient des sacrifices permanents qui vont lui être demandés, non seulement en ce qui concerne sa formation, de plus en plus continue et spécialisée, mais aussi sur le plan des horaires de travail et sur celui de sa vie privée ; certes, il bénéficie d'un logement gratuit ; mais ce logement, même si d'énormes efforts sont depuis quelque temps consentis par la direction générale pour l'améliorer, est encore trop souvent de la catégorie HLM des années 1960 ; sans compter le plaisir discutable que représente la vie de caserne pour sa famille. Et ces sacrifices, le gendarme va devoir les accepter tout au long de sa vie professionnelle, c'est-à-dire durant une bonne trentaine d'années, voire plus s'il est gradé ou officier. Mais au fait, qui est-il donc, ce gendarme ?

Qu'il appartienne à une brigade territoriale, à une section de recherches ou à une unité spéciale, ce gendarme est en fin de compte le même : c'est un personnage profondément humain qui, non content de ne jamais juger son prochain, fait tout pour lui venir en aide lorsqu'il se trouve en difficulté, de jour comme de nuit, en toutes circonstances et en tout lieu, parfois même au péril de sa propre vie. C'est aussi un homme qui a la passion de son métier, une passion totale, même si, comme il le dit souvent, ce métier-là est « usant » ; de toute façon, il n'en voudrait pas d'autre. Son dieu tutélaire se nomme République, avec un grand R, synonyme pour lui de démocratie. Il défendra donc celle-ci envers et contre tout, d'abord en en faisant respecter les lois, seules garantes à ses yeux de la liberté du citoyen ; tel est le fondement de son apostolat. C'est aussi un légitimiste viscéral, qui jamais ne remet en cause, de quelque manière que ce soit, le gouvernement en place. Il en aurait pourtant les moyens, tant il sait de choses sur toutes et tous. Ce qui ne signifie pas, bien entendu, qu'il n'ait ni sens critique, ni quant-à-soi ; mais ses opinions personnelles n'ont pas de place dans la mission qui lui a été assignée ; celles-là, il les garde pour lui. En revanche, il sait faire preuve d'un sens de l'humour qui en étonnerait plus d'un ; à la réflexion, c'est là une nécessité, un moyen d'exorciser la misère qu'il côtoie quotidiennement et sa meilleure réponse aux exigences sans cesse accrues de son métier. Il est éternellement disponible et doué d'une faculté d'adaptation hors du commun. Contrairement à ce que l'on pourrait craindre, l'*homo gendarmus* n'est pas qu'un homme des casernes : chaleureux, hospitalier et ouvert, il est toujours curieux d'en savoir plus sur la société qu'il défend. Il n'est pas endogame, comme dans certains autres milieux où l'on vit en circuit fermé, il n'a pas d'idées toutes faites, n'est pas péremptoire et ne s'exprime pas par truismes, sentences ou proverbes interposés, ce qui est souvent le propre d'infréquentables ignares, ou pire, de cuistres satisfaits. Son uniforme ne lui sert pas de carapace. Il lit *Le Monde*, *Libération* ou *Le Figaro*, et aussi la presse locale. Sans oublier *L'Équipe*. Il va au cinéma, emmène de temps à autre sa petite famille au restaurant et passe ses vacances de préférence quelque part dans l'Hexagone ; pour l'étranger, il a déjà donné. Bref, et c'est tout à fait incroyable, le gendarme est un homme comme les autres. Ou presque. Car, en plus, il est surprenant. Et attachant. Vialatte, encore lui, résumerait ce qui précède en disant que c'est « un personnage considérable ». Un personnage qui, en tout cas, mérite beaucoup mieux que l'attention distraite, ou craintive, que nous lui prêtons lorsqu'il est au bord de la route. En fait, il mérite d'être... connu.

Est-ce à dire que le gendarme n'aurait aucun défaut ? Non, évidemment. Et le premier d'entre eux, le plus flagrant, c'est justement de n'en laisser paraître aucun. Trop lisse, le gendarme, trop convenable, trop bien sous toutes les coutures. Pour sacrifier à une expression de notre temps, il est trop « politiquement correct ». C'est agaçant. Curieusement, toutefois, ce défaut-là est nettement plus marqué avec ses interlocuteurs de *l'intérieur* qu'avec ceux de l'extérieur. En d'autres termes, le gendarme livrera plus facilement le fond de sa pensée à un civil qu'à un collègue. La peur du gendarme existe donc bien : le gendarme a peur du gendarme. Plus exactement, il craint de donner de lui, notamment à la hiérarchie, une image qui ne correspondrait pas à celle dont il est persuadé qu'une sorte de dieu virtuel et vague l'a une fois pour toutes défini. Cette autorité suprême, dont il appréhende l'opinion, est bien sûr la direction générale de la gendarmerie. À trop vouloir paraître conforme à ce qu'on attend de lui en « haut lieu », le gendarme finit par souffrir d'un manque de communication non seulement avec sa hiérarchie, mais aussi avec ses homologues d'un grade identique au sien. Ce phénomène, peu sensible dans les unités spécialisées, où le discours convenu n'a pas sa place, est en revanche plus accusé dans les unités traditionnelles de la gendarmerie départementale. Beaucoup moins virtuelle que le gendarme ne l'imagine, la direction, consciente de ce handicap, a donc pris l'initiative de commander, en juin 1996, la réalisation d'une étude sociologique sur la gendarmerie départementale. Le but en était de « connaître de manière approfondie le vécu professionnel et les pratiques des acteurs sur le terrain, afin de fonder un diagnostic du fonctionnement d'une organisation, des contraintes que ses membres rencontrent réellement dans le travail et de ses possibilités d'évolution et de changement ». Confiée au Centre de sociologie des organisations et dirigée par Christian Mouhanna, cette étude s'est conclue par un rapport qui, avant même d'être rendu public, a fait l'objet d'un dossier spécial de *Gend'Info* [1]. Synthèse de quatre cents entretiens individuels et confidentiels avec des gendarmes, gradés et officiers de quatre groupements départementaux différents, ce rapport est riche en informations, même si certaines des affirmations qu'il contient méritent d'être nuancées. Dans une interview accordée à *Gend'Info* sur ce sujet, Christian Mouhanna y relève l'essentiel des griefs des gendarmes :

– C'est apparemment dans la tradition du gendarme d'être un « grognard ». En fait, il critique les dysfonctionnements qui l'empêchent de faire bien son travail. Son idéal est de rendre service à *sa* population et en même

1. N° 203 – Mai 1998.

temps d'appliquer la loi dans la mesure de ses moyens. À chaque fois qu'il rencontre des obstacles sur la route de cet idéal, il est insatisfait. Je ne pense pas qu'il faille prendre cette critique de façon négative, mais au contraire comme une source de réflexion, un enrichissement pour l'institution. [...] En fait, le gendarme regrette qu'on ne lui fournisse pas les moyens de travailler plus efficacement. Il regrette d'avoir une hiérarchie qui est ressentie comme étant plus attachée à le contrôler qu'à le soutenir, l'aider et le conseiller. [...] Sur ce que les gendarmes attendent de leurs supérieurs, il y a quelque chose de très frappant : ils se sentent noyés sous les rapports, les comptes rendus et les statistiques qu'ils doivent rendre à leur propre hiérarchie, mais aussi aux autorités administratives et judiciaires qui peuvent les solliciter. [...] Je ne sais pas si c'est un phénomène nouveau ou si c'est historique, mais c'est leur problème numéro un. Ils ont donc l'impression que la relation avec les niveaux hiérarchiques se fait beaucoup par l'intermédiaire de comptes rendus et que la relation d'homme à homme est finalement trop peu présente. Ils le regrettent. Les gendarmes sont toujours, malgré l'esprit critique, malgré l'esprit grognard, respectueux de la hiérarchie. Mais ils ont des choses à dire sur leur métier. Ils ont l'impression qu'on ne les entend pas assez, ou qu'on les entend mal. Mais je pense qu'il ne faut pas s'arrêter à accuser la hiérarchie. Si les subordonnés n'ont pas l'impression d'être entendus, c'est peut-être que les chefs n'ont pas suffisamment de moyens à leur disposition pour répondre à ces attentes qu'ils perçoivent sans doute assez nettement.

Sur le problème de la concertation et de la communication, la réponse de Christian Mouhanna est édifiante :

– Vis-à-vis des PSO [1], les gendarmes sont tout à fait critiques, ils ont trop souvent l'impression qu'ils ne servent

1. PSO : Présidents de sous-officiers. Il s'agit de représentants élus, chargés de faire le lien et de faire circuler l'information entre les gendarmes et gradés d'un côté et la hiérarchie de l'autre.

pas à grand-chose. On nous a parlé de PSO trop passifs vis-à-vis de la hiérarchie ou de PSO qui se seraient fait élire pour favoriser leur carrière. Les PSO eux-mêmes se disent assez peu sollicités, ils le regrettent et se sentent assez inutiles. Ils ont finalement l'impression de ne pas remplir leur rôle de courroie de transmission. Ils ne font pas tellement remonter d'informations du bas vers le haut et ils font descendre finalement une information qui apparaît comme un discours officiel assez peu crédible. Par contre, il y a des acteurs qui, au sein de la gendarmerie départementale, sont tout à fait importants pour faire circuler l'information. Ce sont les membres des états-majors, des secrétariats ou les adjoints des commandants de compagnie et de groupement. Quand ils sont en poste depuis un certain temps, ils servent de mémoire à l'institution. Malgré leurs fonctions plus bureaucratiques, on pourrait les qualifier d'arrangeurs. [...] Cependant, même si la concertation et la communication sont imparfaites, les gendarmes ne veulent pas de syndicats. Mais, à l'évidence, il manque des vecteurs pour transmettre ce que vivent les gens aux autorités hiérarchiques. »

Tout en se félicitant de ce rapport Mouhanna, le général André Lorant, chef du service des ressources humaines à la direction générale jusqu'au 30 avril 1998, tenait cependant à répondre [1] sur un certain nombre de points, dont celui qui concerne les PSO et la communication.

– Dans cette étude, précise-t-il, les PSO eux-mêmes se disent assez peu sollicités et ils le regrettent. On constate un paradoxe : certains se plaignent que les PSO paraissent inutiles, mais en même temps ils ne les sollicitent pas, ils ne leur donnent pas d'information. Il y a là une contradiction sur laquelle il faut réfléchir : pourquoi ce manque de confiance dans les PSO pour faire remonter une information ? La hiérarchie souhaite recevoir cette information venant des unités à travers les contacts qu'elle a directe-

1. Voir ce même numéro de mai 1998 de *Gend'Info*.

ment sur le terrain ou par l'intermédiaire des PSO. Les critiques apportées aux structures de concertation reposent peut-être sur un malentendu : la concertation, ce n'est pas formuler des vœux qui *doivent* toujours être satisfaits. Le dialogue, s'il est ainsi conçu, est forcément frustrant. Le dialogue, c'est émettre des vœux et obtenir une réponse qui n'est pas nécessairement conforme à ce que l'on souhaitait, parce qu'il y a des contraintes qui entrent en ligne de compte. C'est le rôle de la hiérarchie de les faire connaître.

Voilà qui est dit, de part et d'autre. Visiblement, ce rapport Mouhanna vient de relancer le débat, ce qui est toujours salutaire, surtout au moment où le gendarme nourrit quelques inquiétudes sur la manière dont l'institution semble vouloir aborder le prochain millénaire. Avec la fin de la conscription, celle-ci va en effet voir s'échapper un volant de plusieurs milliers de gendarmes auxiliaires, dont beaucoup choisissaient, au terme de leur service militaire, de rester dans la gendarmerie. Un vivier dont la disparition a d'ores et déjà conduit la gendarmerie à prendre ses dispositions pour engager seize mille jeunes destinés à remplacer cet effectif d'auxiliaires. Ce recrutement massif ne va pas aller sans poser de problèmes, ni sans accentuer ceux qui ont émergé au cours de ces dernières années. Le premier d'entre eux est l'âge moyen du candidat gendarme : on constate, dans les différentes écoles de sous-officiers, qu'il est aujourd'hui de presque 24 ans. Et que le profil de ces candidats est sensiblement identique : études secondaires, sanctionnées par l'obtention du baccalauréat, et souvent suivies de deux, voire trois ou quatre années d'études universitaires, qui n'ont débouché sur aucun emploi. Se tourner ainsi, en dernier ressort, vers la gendarmerie comme premier employeur éventuel laisse planer quelques doutes sérieux sur la motivation de ces candidats. Encore que sur ce point, nombreux sont les gendarmes à dire que leur vocation n'est venue que par la suite, une fois entrés en gendarmerie. Sur quels critères seront donc sélectionnés ces seize mille jeunes dont la gendarmerie a un besoin urgent, ct, surtout, que vont-ils donner une fois sur le terrain ? Comment réagiront-ils en brigade territoriale ou en escadron ? Telles sont les questions que se posent les aînés.

Le grand tournant de l'an 2000 s'annoncerait-il donc délicat pour notre gendarme ? Conçu pour permettre de mieux répondre aux évolutions de la société – voire de les anticiper – et aux mutations internes qu'elle doit engager, à l'instar des armées, le plan d'action « Gendarmerie 2002 », dont l'essentiel peut se résumer par une exigence accrue de professionnalisme pour un surcroît d'efficacité, fait, c'est vrai, l'unanimité en sa faveur ; officiers et sous-officiers n'en contestent ni le bien-fondé, ni les mesures qu'il contient. Certains appréhendent toutefois que la gendarmerie y laisse quelques parcelles de son âme. Mais la vieille dame en a vu bien d'autres au cours des siècles. Elle a toujours su mettre à profit ses étonnantes facultés d'adaptation pour mieux épouser son temps, et cela sans jamais que la nature même de sa spécificité en soit le moins du monde altérée. Une crainte *a priori* vaine, donc. Si bien que ce gendarme de demain ne devrait guère différer de celui d'aujourd'hui, sinon par sa capacité accrue à faire face aux énormes problèmes que la société du XXIe siècle ne va pas manquer de lui poser. Plus proche encore du citoyen, notre gendarme n'en sera que plus apprécié.

ANNEXE

La gendarmerie en bref [1]

La gendarmerie nationale est l'une des plus vieilles institutions françaises.

Elle est l'héritière des « maréchaussées de France », force militaire qui fut pendant des siècles le seul corps exerçant dans notre pays des fonctions de police.

Ces maréchaussées, placées sous l'autorité des maréchaux, étaient composées de « gens de guerre disciplinés, chargés de contrôler et de surveiller d'autres gens de guerre débandés et pillards ». Par la suite, progressivement, leur compétence s'étendit à l'ensemble des populations du territoire. L'implantation des brigades, base de la structure actuelle, date de 1720.

En 1791, la gendarmerie prit l'appellation de « gendarmerie nationale » et perdit les fonctions de justice prévôtale qui lui avaient été précédemment confiées. La loi du 28 germinal an VI (17 avril 1798) codifia les principes d'action et les missions de cette institution, précisant notamment ses attributions en matière de police administrative et de police judiciaire.

Tous les régimes qui se sont succédé par la suite ont respecté le texte législatif, véritable charte de la gendarmerie, et les décrets d'application de 1820, 1824 et 1903 n'ont fait qu'en adapter les règles à l'évolution économique, sociale et administrative de la nation.

Le caractère militaire de la gendarmerie a été constamment maintenu. S'illustrant depuis la fin du XVIIIe siècle dans les combats

1. Document Sirpa-gendarmerie.

qui se sont déroulés aussi bien sur le territoire national qu'outre-mer, la gendarmerie voit, de nos jours, s'accroître ses tâches en nombre et en importance. À ces missions de tous les temps vient s'ajouter une participation importante à la défense du territoire.

Depuis octobre 1992, l'engagement de la gendarmerie dans le domaine des relations internationales est davantage marqué. Traditionnellement orientées vers les pays francophones d'Afrique, les actions de coopération bilatérales et multilatérales mises en œuvre par la gendarmerie se développent désormais sur les continents européen, américain et asiatique.

En même temps, l'institution continue de participer aux opérations conduites dans le cadre des Nations Unies, de l'OTAN et de l'Union de l'Europe occidentale.

MISSIONS

Caractères généraux

La gendarmerie est une force instituée pour veiller à la sûreté publique (elle garantit la protection des personnes et des biens, renseigne, alerte et porte secours) et pour assurer le maintien de l'ordre public et l'exécution des lois. Par ailleurs, elle participe à la défense militaire de la nation.

Son action s'exerce sur l'ensemble du territoire national ainsi qu'aux armées, au profit de tous les départements ministériels, et plus spécialement de ceux de la Défense, de l'Intérieur et de la Justice.

Missions de police

Les missions de police ont pour but de maintenir le bon ordre, de protéger les personnes et les biens, de faire respecter la loi.

Police judiciaire

Chaque année, la gendarmerie traite près du tiers des crimes et délits commis en France.

L'action de la gendarmerie en ce domaine comprend la constatation des crimes, délits, contraventions, le rassemblement des preuves et la recherche des auteurs d'infractions.

En 1997, elle a constaté :

• 905 657 crimes et délits en métropole, ayant entraîné la mise en cause de 286 214 personnes, dont 17 900 ont été écrouées ;

• 380 698 contraventions (hors la police de la circulation routière).

Parmi les infractions les plus significatives relevées, notons pour 1997 :

• Homicides	522
• Vols à main armée	2 659
• Cambriolages	111 925
• Vols avec violences	4 625
• Viols et atteintes sexuelles	7 908
• Stupéfiants	30 362

Police administrative

Son objet essentiel est la sécurité publique. La gendarmerie assume seule cette responsabilité sur 95 % du territoire, au profit de 50 % de la population. Cette activité recouvre un domaine très vaste :

• renseignement ;

• police de la circulation routière ;

Celle-ci vise à rendre plus facile et plus sûre l'utilisation des routes et des autoroutes. Elle comporte :

- la surveillance du réseau,
- l'action éducative et préventive,
- l'aide aux usagers en difficulté,
- la répression des infractions,
- l'intervention sur les accidents ayant causé des dommages corporels ;

• police de l'air, des frontières et des ports ;

• police des étrangers ;

• police rurale ;

• police sanitaire en général (personnes et animaux) ;

• police municipale ;

• service d'ordre ;

• protection civile ;

• secours, etc.

En 1997, les gendarmes sont intervenus entre autres :

Sur les routes :

- 47 859 accidents corporels, ayant entraîné :
  - 6 068 morts ;
  - 70 494 blessés ;
- 3 238 252 infractions ;
- 450 000 jeunes de 12 à 16 ans ont reçu une formation pratique des deux-roues sur les pistes d'éducation routière scolaire.

En montagne :

- 3 686 opérations de secours au profit de 5 688 personnes.

En mer et sur les fleuves :

- 638 opérations au profit de 797 personnes.

Missions de défense militaire

Le gendarme occupe une place importante dans la défense militaire du territoire national.

Dès le temps normal, elle participe à la sécurité du potentiel de défense, au contrôle gouvernemental des forces nucléaires, à l'administration des réserves et à la préparation de la montée en puissance des forces.

Indépendamment de ses missions de police militaire exercées partout où stationnent des forces françaises, elle apporte son concours aux autorités militaires et se prépare à ses missions militaires.

En cas de crise ou de conflit, la gendarmerie continue d'assurer ses missions habituelles et fait face à l'augmentation de ses tâches grâce à l'apport de ses réserves.

Lorsque la mise en œuvre de mesures de défense opérationnelle du territoire est décidée, elle intensifie la recherche orientée du renseignement, assure la sécurité des points sensibles et s'engage dans des actions de combat, le cas échéant aux côtés des armées.

Missions internationales

En 1997, la gendarmerie a maintenu ses activités à caractère international à un haut niveau.

Elle a effectué soixante missions d'information et d'évaluation (organisées par la Division des relations internationales – DRI), en envoyant cent seize de ses militaires dans une trentaine de pays étrangers. De même, seize missions temporaires de courte durée ont été conduites au profit de nos détachements militaires d'assistance technique en Afrique ou au Cambodge. Par ailleurs, soixante-sept délégations provenant de quarante-deux pays différents ont été accueillies au sein de la gendarmerie nationale.

En organisant vingt-cinq stages distincts, elle a formé dans ses écoles et au sein des unités trois cent cinquante-huit stagiaires étrangers provenant de quarante-cinq pays différents.

Comme en ex-Yougoslavie, par exemple, elle a maintenu environ cent cinquante militaires dans les pays où l'ONU exerce un mandat et a détaché soixante officiers et sous-officiers au profit de l'Union de l'Europe occidentale. Avec sept officiers attachés de défense ou attachés spécialisés, trois cent huit sous-officiers affectés à la sécurité des missions diplomatiques et, aujourd'hui, près de deux cents autres en renfort, c'est au total près d'un millier de militaires de la gendarmerie qui stationnent en permanence à l'étranger.

S'agissant de la coopération institutionnelle, l'accord dénommé FIEP (France, Italie, Espagne, Portugal) résulte de la déclaration commune signée en mai 1996 à Paris par les directeurs généraux de la gendarmerie nationale et de la garde civile espagnole et les commandants généraux de l'arme des carabiniers italiens et de la garde nationale républicaine portugaise. Ce projet, devenu réalité, permet de multiplier les échanges entre les quatre institutions militaires latines chargées des missions de sécurité intérieure et laisse augurer la mise en place d'une véritable « Europe des gendarmeries ».

La gendarmerie s'implique, par ailleurs, dans la construction de l'espace policier européen. Elle participe au fonctionnement des structures opérationnelles prévues par la convention de Schengen et par le traité de Maastricht. Elle contribue également, au sein de groupes de travail des instances européennes, à la définition de nouvelles formes juridiques et techniques sur des questions qui intéressent directement l'activité des unités. Elle apporte enfin son expertise sur les questions de coopération transfrontalière et s'inscrit à cet effet dans une démarche de partenariat interministériel.

Cette collaboration active a abouti, fin 1997, à la conclusion avec l'Italie, l'Allemagne et l'Espagne d'accords de coopération policière et douanière dont l'entrée en vigueur est prévue à court terme.

Missions diverses

La gendarmerie prête son concours à la presque totalité des ministères et des grandes administrations de l'État, en ce qui concerne l'application de la réglementation, l'exécution d'enquêtes, la recherche et la diffusion de renseignements.

ORGANISATION

La gendarmerie nationale est subordonnée au ministre de la Défense. Le ministre dispose de la direction générale de la gendarmerie nationale et de l'inspection générale de la gendarmerie, qui relèvent directement de son autorité.

Dépendent de la direction générale de la gendarmerie nationale :

• Le commandement des écoles de gendarmerie ;

• Les organes de commandement territoriaux, de qui relèvent les formations :

– de la gendarmerie départementale,
– de la gendarmerie outre-mer,
– de la gendarmerie mobile,
– de la Garde républicaine ;

• Les organismes techniques ;

• Les formations hors métropole ;

• Les formations spécialisées dans leur emploi :

– gendarmerie maritime,
– gendarmerie de l'air,
– gendarmerie des transports aériens,
– gendarmerie de l'armement ;

• Le GSIGN (groupement de sécurité et d'intervention de la gendarmerie nationale).

Le commandement des écoles

Implanté au fort de Charenton, le commandement des écoles de la gendarmerie dirige et coordonne l'ensemble des activités des écoles de l'arme.

Il assure la formation initiale de tous les personnels en service dans la gendarmerie et prête un concours actif à leur formation continue, soit par des stages organisés au sein des écoles, soit par l'aide apportée aux unités par le centre de documentation et de pédagogie sous forme de documents, de productions audiovisuelles et de cours par correspondance. Environ vingt mille militaires de tous grades sont formés ou perfectionnés chaque année dans les écoles (cinquante catégories de stages, plus de cinq mille stagiaires en capacité instantanée).

La gendarmerie départementale

La gendarmerie départementale comprend :

Des unités territoriales

Dans chaque arrondissement, en principe, est implantée une compagnie (commandée par un officier), répartie en ***brigades territoriales*** (en principe une par canton ; en fait 3 621 pour l'ensemble du territoire métropolitain.

L'ensemble des compagnies du département constitue un ***groupement***, commandé par un officier supérieur.

Des unités spécialisées

L'action des unités territoriales est complétée par celle de diverses unités à vocation particulière :

• **Les unités de recherche** (brigades de recherches, brigades départementales de renseignements judiciaires, sections de recherches).

Ces unités se consacrent exclusivement à la police judiciaire. Elles assistent les brigades territoriales et prennent à leur charge les enquêtes nécessitant une technicité particulière ou une grande disponibilité.

• **Les pelotons de surveillance et d'intervention.** Implantés dans les zones les plus sensibles sur le plan de la délinquance, ils sont rattachés à une compagnie et sont chargés :

- de renforcer, rapidement et à tout moment, sur leur demande, les brigades appelées sur les lieux d'un crime ou délit, d'un incident ou d'un accident, ou de tout autre événement troublant l'ordre public ;
- d'assurer, hors le temps de ces interventions, des missions de surveillance générale, de jour et de nuit, en

complément des services effectués par les brigades territoriales.

• **Les unités de police de la route** (pelotons motorisés et unités d'autoroutes).

• **Les unités de montagne** (pelotons de gendarmerie de haute montagne et pelotons de gendarmerie de montagne).

• **Les sections aériennes** équipées d'hélicoptères et d'avions légers.

La gendarmerie mobile

C'est une force essentiellement destinée à assurer le maintien de l'ordre public (36 % de son activité). En outre, la gendarmerie mobile complète l'action de la gendarmerie départementale en intervenant à son profit de façon permanente ou temporaire (34 % de son activité). Elle compte à ce jour 128 escadrons, pour un effectif global de 17 000 hommes.

Son articulation est la suivante :

L'escadron

Commandé par un capitaine, il comprend quatre pelotons (un peloton hors rang + trois pelotons de marche).

Il existe différents types d'escadrons :

• escadron porté ;

• escadron mixte AML, VBRG et blindé ;

• Escadron (VBC 90, AML ou VBRG) du groupement blindé de gendarmerie mobile.

Le groupement

Commandé par un officier supérieur, il comprend quatre à six escadrons.

Partie intégrante de la gendarmerie mobile, le **groupement de sécurité et d'intervention de la gendarmerie nationale** (GSIGN), mis sur pied le 1er janvier 1984, comprend :

• un état-major ;

• un groupe d'instruction ;

• le groupe d'intervention de la gendarmerie nationale (GIGN), dont la création remonte à 1974 ;

• l'escadron parachutiste d'intervention de la gendarmerie nationale (EPIGN) ;

• le détachement gendarmerie du GSPR ; un détachement du GSIGN participe à la sécurité du président au sein du groupe de sécurité du président de la République (GSPR).

Le GSIGN intervient dans :

• Des opérations de lutte contre le terrorisme et le grand banditisme (prises d'otages, mutineries, piraterie aérienne et maritime...) ;

• Des opérations de maintien de l'ordre public, notamment lorsque celles-ci requièrent la mise sur pied d'éléments d'intervention hautement qualifiés ;

• des opérations d'assistance et de secours, chaque fois que l'action à entreprendre est placée sous le signe de l'urgence ou s'avère impossible par voie terrestre ;

• la protection de hautes personnalités.

Grands commandements

La circonscription de gendarmerie

Situé au niveau du préfet de zone de défense et du général commandant la circonscription militaire de défense, le commandant de circonscription de gendarmerie est directement subordonné au directeur général de la gendarmerie nationale.

Son commandement s'exerce à la fois à l'égard des unités de gendarmerie départementale et de gendarmerie mobile implantées dans sa circonscription.

Les commandants de circonscription de gendarmerie de Metz, de Bordeaux et de Lyon sont en outre respectivement commandants des régions de gendarmerie Nord-Est, Atlantique et Méditerranée.

La légion de gendarmerie départementale

Subordonné au commandant de circonscription, le commandant de légion de gendarmerie départementale exerce le commandement opérationnel et le commandement organique de l'ensemble des groupements de gendarmerie départementale implantés sur le territoire d'une région administrative. Il dispose également d'une ou plusieurs sections de recherches.

La légion de gendarmerie mobile

Subordonné au commandant de circonscription, le commandant de légion de gendarmerie mobile exerce le commandement opérationnel et le commandement organique des groupements de gendarmerie mobile implantés sur le territoire de la circonscription.

Formations spécialisées

La Garde républicaine

La Garde républicaine a pour vocation première d'assurer les missions de sécurité et des services d'honneur au profit des instances gouvernementales et des hautes autorités de l'État.

Elle comprend :

Deux régiments d'infanterie, un régiment de cavalerie et des formations spécialisées : orchestres, chœur de l'armée française, musique, fanfare de cavalerie, escadron motocycliste qui prêtent leur concours à de nombreuses opérations de relations publiques en France et à l'étranger.

La gendarmerie maritime (budget marine nationale) :

• elle assure, au profit de la marine nationale, l'ordre et la sécurité dans les ports militaires, les arsenaux, les établissements et les bases. Elle a compétence en ces mêmes lieux pour l'exercice de la police judiciaire ;

• elle participe à l'assistance et au secours maritime. Elle arme des patrouilleurs, bâtiments de guerre que lui confie la marine nationale ;

• elle comprend des groupements, des compagnies, des brigades et des postes.

La gendarmerie de l'air (budget armée de l'air) :

• elle assure, au profit de l'armée de l'air, l'ordre et la sécurité dans ses bases et établissements. Elle a compétence en ces mêmes lieux pour l'exercice de la police judiciaire ;

• elle comprend des groupements et des brigades.

La gendarmerie des transports aériens :

• elle assure, au profit du ministère des Transports et de l'Équipement :

– la sûreté des aéroports les plus importants,

– le respect de la législation aéronautique,

– elle procède aux enquêtes judiciaires en matière d'accidents d'aéronefs.

Son organisation correspond à celle de la direction générale de l'aviation civile.

La gendarmerie de l'armement :

• elle assure la sécurité des établissements relevant de la délégation générale pour l'armement. Elle a compétence en ces mêmes lieux pour l'exercice de la police judiciaire ;

• elle comprend des compagnies et des brigades.

Les formations hors métropole

Elles comprennent :

• les formations en service dans les départements et territoires d'outre-mer : la légion des Antilles-Guyane, la compagnie de Saint-Pierre-et-Miquelon, le groupement de gendarmerie du Sud de l'océan Indien, le commandement des forces de gendarmerie pour la Nouvelle-Calédonie et les îles Wallis et Futuna, et le groupement de la Polynésie française ;

• les personnels mis à la disposition des États indépendants, au titre de l'assistance technique, en particulier pour la formation de leurs cadres ;

• les détachements prévôtaux dans les bases françaises installées dans certains États indépendants ;

• la gendarmerie des forces françaises stationnées en Allemagne.

La réserve

En cas de crise, des réservistes sélectionnés et volontaires viennent renforcer les formations d'active.

Sur décision ministérielle ou gouvernementale, les réservistes de la disponibilité et de la réserve générale complètent et renforcent les unités d'active ; ils constituent des formations nouvelles dont les missions sont essentiellement orientées vers la défense opérationnelle du territoire (DOT).

Remerciements

L'auteur remercie Gérald Moreau, qui fut l'instigateur de cet ouvrage.

Il tient également à remercier, pour leur bienveillante assistance et leur cordiale hospitalité :

Monsieur Alain Richard, ministre de la Défense ;
Monsieur Bernard Prévost, directeur général de la gendarmerie nationale ;
L'inspecteur général des armées-gendarmerie, Yves Capdepont ;
Le major général de la gendarmerie nationale, Gérard Marcille ;
Le général Maurice Lallement, chef du service des opérations et de l'emploi à la direction générale de la gendarmerie nationale, ancien commandant de la circonscription de gendarmerie d'Orléans ;
Le général André Lorant, commandant la circonscription de gendarmerie d'Île-de-France ;
Le général Jean-Louis Fournaise, commandant la légion de gendarmerie départementale d'Île-de-France ;
Le colonel Paul Dilasser, commandant la légion de gendarmerie mobile d'Île-de-France ;
Le SIRPA-gendarmerie, et plus particulièrement le colonel Marc Watin-Augouard, le lieutenant-colonel Fabrice Fanet, le capitaine Régis Kler, l'adjudant Gérard Gaillard et le maréchal des logis-chef Fabrice Balsamo ;

Les officiers des relations publiques : le lieutenant-colonel Jean-Louis Salvador ; les chefs d'escadron Jean-Maurice Couraud, François d'Huy et Christian Vila ;

Les colonels Caillet et Dolo ; les lieutenants-colonels Arnoux, Cazcarra, Ceccaldi, Courduries, Galtier, Jeanroy, Monbailly, Odeyer, Renault, Rieunier, Roussel, Salvagnac, Sevennec et Vanwalscappel ; les chefs d'escadron Bourdier, Joubert et Wilmart ; les capitaines Antoine, Astre, Baudoin, Bourbigot, Delcroix, Egret, Fohrer, Gin, Gouvart, Guimard, Loisier, Martin, Martinez, Plazanet, Touron et Vanden-Berghe ; les lieutenants Bafert, Hureau, Leduc, Le Gall, Mathy, Moreau, Patoux et Zunino ; les majors Mathieu, Moullec, Philbois, Ranoux, Raveneau et Thomas ; les adjudants-chefs Chery, Portal, Potart et Poujol ; les adjudants Binet, Casemayor, Delangre, Gallay, Graziani, Jeunot, Maillard, Metereau, Pelisier et Solignac ; les maréchaux des logis-chefs Chevreau, Duret, Girard, Michels et Rocada ; les gendarmes Bazire, Bernard, Carnesciali, Charriot, Fievet, Garbin, Henrion, Lesuisse, Montrignac, Moreau, Paillé, Sainjon ;

Les officiers et sous-officiers du GSIGN, de l'EPIGN, du GIGN et du GSPR ;

Madame Bargain ;
Messieurs Choffat et Haas ;

Et tous ceux qui, anonymement, lui ont apporté leur concours spontané tout au long de son enquête.

Table

Cet ouvrage a été réalisé par la
SOCIÉTÉ NOUVELLE FIRMIN-DIDOT
Mesnil-sur-l'Estrée
pour le compte des Éditions du Rocher
en septembre 1998

Éditions du Rocher
28, rue Comte-Félix-Gastaldi
Monaco

Imprimé en France
Dépôt légal : septembre 1998
CNE section commerce et industrie Monaco : 19023
N° d'impression : 44161